Dominar la influencia: oscuros secretos de la persuasión y el control mental

Este texto se publicó originalmente en India en el año 2023.
Las ediciones y el diseño de esta versión son Copyright © 2023.
por IJ Nayak

Esta publicación no tiene afiliación con el autor original ni con la empresa de publicación.

# Dominar la influencia: oscuros secretos de la persuasión y el control mental

I J Nayak

India
2023

# CONTENIDO


Capítulo 1: Historia de la manipulación mental

Capítulo 2: Introducción a la Psicología Oscura

Capítulo 3: ¿Por qué y cómo se utiliza la psicología oscura hoy en día?

Capítulo 4: Técnicas utilizadas en lugares oscuros

Capítulo 5: Reconocer el arte de la manipulación

Capítulo 6: Comprensión del mecanismo de manipulación emocional

Capítulo 7: Evite las relaciones y amistades tóxicas, y cómo prevenirlas

Capítulo 8: Técnicas avanzadas de persuasión oscura

Capítulo 9: Lavado de cerebro

Capítulo 10: Métodos que le permitirán anticipar las actitudes de otras personas

Conclusión

Bono de capítulo

El lenguaje y el pensamiento están indisolublemente ligados. Platón, un filósofo griego antiguo, sugirió que sólo experimentamos la realidad a través del lenguaje; Wilhelm von Humboldt consideraba el lenguaje la base del pensamiento; estas ideas se formalizaron en la hipótesis de Sapir-Whorf, que afirma que la estructura de una lengua influye en la forma de pensar de los hablantes; un ejemplo claro es cómo la cantidad de palabras disponibles para distinguir colores influye en cómo los hablantes perciben los colores: este concepto de que las palabras limitadas limitan y canalizan las opciones cognitivas es algo que los manipuladores influyentes usan para su beneficio mientras los guían por este camino de pensamiento es crucial y ampliamente adoptado. con el tiempo también por filósofos como Humboldt.

1984 de George Orwell fue un libro influyente que destacó los órganos de gobierno fascistas que utilizan estrategias retóricas como parte de su gobierno, operando con una fuerza manipuladora a la par de cualquier narcisista egocéntrico o sociópata desapasionado. Este libro se sigue enseñando en las escuelas americanas y uno de sus mayores impactos fue revelar cómo se produce la manipulación del lenguaje; específicamente introduciendo la neolengua como el idioma elegido por el gobierno. La neolengua permite que los poderes fácticos alteren conceptos básicos y nuestra percepción de la realidad restringiendo el uso del lenguaje. Las personas que lo utilizan sólo perciben ciertas cuestiones mientras descuidan o no procesan todo lo que podría considerarse inapropiado. En pocas palabras, la neolengua define la realidad de sus ciudadanos restringiendo el lenguaje. Como extensión, la individualidad se vuelve casi imposible cuando el lenguaje restringe las opciones del habla para la autoexpresión; los adjetivos, por ejemplo, se simplifican en adjetivos desfavorables que impiden que los individuos expresen pensamientos matizados sobre cualquier cosa fuera de su alcance de comprensión e impiden que el pensamiento matizado se exprese libremente. Esto permite al gobierno replantear la realidad tal como la perciben sus súbditos a través de definiciones estrechas que limitan las opciones disponibles para la autoexpresión, similar a cómo los partidos políticos a menudo restringen las opciones de expresión limitando las opciones que replantean la realidad para todos los involucrados.
Usan palabras para crear pensamiento polarizado y agregar capas de interpretación dentro de las propias palabras, como llamar a los encuentros sexuales "crimen sexual". En la otra cara de esa moneda están los campos de trabajos forzados llamados "campos de alegría", que sugieren cualidades positivas de lo que de otro modo debería ser una experiencia negativa, todos diseñados para garantizar la obediencia. Esta táctica también se extiende a las ramas gubernamentales designadas para tales propósitos: el Ministerio del Amor hace cumplir las leyes e impone castigos mientras

que el Ministerio de la Paz hace la guerra, mientras que el Ministerio de la Verdad actúa como brazo de propaganda para sus respectivas ramas, dándoles credibilidad dentro de sus filas.

Hay muchos ejemplos de funcionarios gubernamentales que utilizan estrategias de reformulación a su favor. Durante las elecciones presidenciales de Estados Unidos de 2016, el candidato Donald Trump apareció en los titulares cuando redefinió las "noticias falsas", una denominación que normalmente se aplica a los sitios que difunden historias falsas en las redes sociales, para referirse a fuentes de noticias reales. Cambiar el nombre de fuentes de noticias reales a noticias falsas ciertamente tenía connotaciones de neolengua. Cuando los actores políticos utilizan eslóganes o lemas que glorifican a su lado o denigran a otro, sus intentos de manipulación retórica están empleando técnicas de propaganda en un intento de limitar las opciones cognitivas dentro de su audiencia y las opciones cognitivas puestas a disposición por los miembros de su audiencia.

¿Para qué se pueden utilizar estas herramientas en una relación o en un entorno laboral? Ya hemos visto ejemplos en nuestra serie Dios, el diablo y el carisma. Las elecciones retóricas pueden revelar una respuesta que aún no se ha dicho.

Los sociópatas, psicópatas, narcisistas y tipos de personalidad desviados similares emplean muchas tácticas lingüísticas para ganar ventaja en cualquier negociación que entablen con sus víctimas. Intentarán confundir, desorientar o frustrar de otro modo a sus objetivos para ejercer control sobre ellos (una táctica utilizada es la manipulación del lenguaje), por lo que podría valer la pena revisar algunas de las elecciones de palabras y marcos retóricos típicos de estas personalidades manipuladoras de nuestra discusión anterior; también nos centraremos en cómo estas tácticas pueden desarrollarse en situaciones reales que involucran a víctimas mientras hablamos sobre posibles estrategias de resolución cuando nos encontramos con alguien similar que usa la manipulación del lenguaje contra otra víctima; nos concentraremos en discutir cómo podría verse esto; generalmente discutiremos cuán efectivas podrían funcionar estas tácticas en contra de todas las partes involucradas;
Las técnicas de comunicación que se utilizan a menudo en las relaciones interpersonales también pueden aplicarse a situaciones comerciales.

Comience aquí para comprender algunas de las frases clave empleadas por los sociópatas (aquellos con personalidades emocionalmente distantes capaces de perseguir desapasionadamente su propio interés en detrimento de los demás, a menudo acusando a sus oponentes de reaccionar exageradamente) cuando discuten situaciones con ellos. Tanto los sociópatas como los psicópatas suelen utilizar frases como ésta para desviar la atención de cualquier problema o situación y poner la carga sobre la propia víctima, lo que les lleva a pensar que cualquier cosa que fuera molesta no era realmente un problema tan grande en primer lugar. . Los sociópatas emplean con frecuencia esta táctica como un medio eficaz para finalizar conversaciones rápidamente e invalidar los sentimientos de sus objetivos. Una forma alternativa de invalidación implica decirle a la víctima que está siendo ridícula; otra forma de rechazo con juicio más implícito. No sólo estás equivocado o estás exagerando; También estás actuando de forma ilógica: ¡se pueden decir muchas cosas con unas pocas palabras!

Los psicópatas emplean tácticas similares, con ligeras modificaciones. Los psicópatas podrían acusarte de "analizar demasiado", una estrategia eficaz que se utiliza para desestabilizar situaciones rápidamente. Los psicóticos a menudo intentarán confundir a sus objetivos sugiriendo que pueden estar volviéndose locos o perdiendo la cabeza. Cuando respondas a estos intentos, simplemente lo cerrarán con una acusación de sobreanálisis, todo diseñado para hacerte cuestionar si tus suposiciones eran realmente correctas sobre todo. Los psicóticos pueden retirarse, acusándolo de crear un "drama". Una vez más, esta táctica sirve para cambiar la situación. Incluso cuando tus sentimientos de injusticia estén justificados, los replantearán como algo fuera de línea con la realidad y tratarán de desacreditarlo como parte del argumento. Los psicóticos son expertos en gaslighting, una técnica cada vez más frecuente. Ambas técnicas anteriores abordan este tema; pero con una iluminación total, el psicópata afirmará que nunca dijo lo que sabes que dijo; Dado que los psicópatas son capaces de tener comportamientos complejos, ¡incluso podrían lograrlo con más éxito de lo que a cualquiera de nosotros nos gustaría!
Engañarse sutilmente a sí mismos y a los demás haciéndoles creer en sus declaraciones falsas suele ser suficiente para provocar ondas de choque en las víctimas, incitándolas a dudar de sus propios sentidos y tal vez incluso de su cordura.

Los narcisistas usarán frases como "Nunca antes había sentido esto" para exagerar las conexiones entre ellos y sus víctimas, pero al mismo tiempo usarán esto para establecer control futuro y atención codependiente por parte de ellos. Esta táctica no sólo hace que la víctima se sienta bien consigo misma, sino que es simplemente un paso hacia un mayor control y codependencia en relaciones futuras. Los narcisistas a menudo proyectan sus debilidades en las personas más cercanas a ellos y usan esta táctica cuando las cosas no salen como quieren; en este caso, puede significar acusar a su pareja de ser paranoica o controladora. Cuando las cosas no salen según lo planeado, utilizan este tipo de acusaciones contra su pareja como palanca en su contra: un ejemplo de proyección. Los narcisistas tienden a ser controladores y paranoicos; Al proyectar estas cualidades en los demás, pueden sentirse mejor y desestabilizar a la pareja. Otra táctica puede ser sugerir que este manipulador nunca ha experimentado este problema con nadie más; esto ayuda a replantearlo para que sólo usted sea responsable.

En cada uno de los ejemplos presentados anteriormente, el replanteamiento retórico también puede incorporar lenguaje que sirva para impulsar su argumento en una dirección u otra: palabras como ridículo, paranoico y drama pueden tener más peso de lo que cree. Intelectualmente puedes saber que es falso, pero ser acusado de crear drama cuando en realidad te sientes molesto es difícil de combatir. Extender estas técnicas a otros escenarios debería resultar eficaz. En el trabajo, cualquier compañero de trabajo o gerente con quejas legítimas contra un empleado con una de estas desviaciones de personalidad podría fácilmente encontrar que sus quejas se replantean como paranoicas o microgestión, o que "he estado haciendo este trabajo durante años sin escuchar estas quejas antes". insinuando así que sus propias quejas pueden ser el problema.

Estos son ejemplos típicos de cómo los sociópatas, psicópatas y narcisistas utilizan el lenguaje para manipular. Aunque las palabras individuales pueden diferir según quién esté hablando.
En cualquier situación dada, estos ejemplos revelan cómo los individuos poderosos utilizan estrategias basadas en el lenguaje para ganar influencia en diversas situaciones.
La comunicación es una herramienta
Como cualquier herramienta, la comunicación se puede utilizar para diferentes propósitos. Un martillo tiene un uso principal: clavar clavos en las paredes; Su extremo en forma de garra cumple una función adicional: sacar los clavos. Estas dos funciones de las herramientas van de la mano, siendo a menudo los proyectos de construcción el objetivo principal para el que fueron destinadas. Un martillo también se puede utilizar de forma destructiva (romper ventanas o ser empuñado contra la cabeza de alguien como armas son todas opciones posibles), aunque no es lo que se pretendía originalmente, sino que su función simplemente ha cambiado dependiendo de quién lo use.

Algunos pueden preguntarse cuándo la comunicación se convierte en manipulación, como si la comunicación existiera en un espectro. ¡Simplemente así no es como funciona la comunicación! La comunicación no se convierte automáticamente en manipulación cuando uno va demasiado lejos en una dirección; más bien, la comunicación sirve como una herramienta que intenta influir. Toda comunicación eficaz, especialmente los diálogos formales, se basa en herramientas retóricas. No importa cuántos o cuáles emplee para alcanzar los objetivos de comunicación que se haya fijado, su uso no le pondrá en el camino de ser visto como manipulador. La comunicación efectiva hacia fines positivos o altruistas es precisamente eso: efectiva. Los griegos entendieron esto y vieron el argumento eficaz como un indicador de la verdad. Si un vendedor o un médico respeta sus deseos y actúa teniendo en cuenta ellos, sus argumentos no constituirán manipulación. Incluso si lo convencen de someterse a una cirugía que le salvará la vida a pesar de sus temores sobre la cirugía, siempre y cuando sus argumentos se hayan ofrecido honestamente.

Entonces, si la manipulación no depende de grados, ¿cuándo la comunicación se convierte en manipulación? La respuesta está en la motivación, como por ejemplo el uso de un martillo: una vez utilizado con cualquier otra intención en mente, se convierte en una herramienta o arma ofensiva. La comunicación funciona de manera similar. La manipulación no ocurre en algún umbral de las técnicas utilizadas o la efectividad de su uso; más bien, la manipulación ocurre cuando se emplea injustamente para engañar o promover una agenda que compromete su objetivo de comunicación. Así como la comunicación puede ser tanto efectiva como ineficaz, también lo puede ser la manipulación. Algunas personas simplemente son ineficaces en ello, mientras que ciertos públicos se han vuelto expertos en reconocerlo. Si alguien se te acerca en la calle intentando manipularte y no logra convencerte de lo contrario, simplemente evítalo y aléjate; ¿Eso significa que no lo estaban intentando? ¡No! Lo que el estafador estaba haciendo no era una comunicación directa o una persuasión honesta; más bien intentó manipular pero fracasó estrepitosamente. A veces, utilizar técnicas idénticas de persuasión o manipulación sólo requiere cambiar una variable: el motivo del hablante. En otros casos, las técnicas en sí mismas pueden ser inherentemente manipuladoras; como los que comentamos en el último apartado. Cualquier forma de engaño o manipulación es inherentemente manipuladora. Incluso si tus intenciones fueran buenas, incluso con tácticas justas y efectivas seguirías participando en manipulación en algún nivel. A veces es posible que tengas en mente algún tipo de resultado positivo; sin embargo, su disposición a mentir revela un motivo oculto. La voluntad de engañar es, en sí misma, un motivo oculto. Esto puede volverse complejo, así que seamos claros: cuando el motivo del resultado y las tácticas son positivos y justos, podemos clasificar su comunicación como persuasión. Cada vez que su deseo sea dañarse o avanzar por encima del de su objetivo, engañar o jugar de manera desleal con las comunicaciones de cualquier manera, o jugar de manera desleal con las comunicaciones, se alcanza un umbral que se definirá como manipulación.

Antes de discutir cómo funciona la psicología oscura y sus métodos en tu contra, es esencial que primero comprendamos exactamente qué implica esta forma de psicología. La psicología, o la comprensión de cómo funciona la mente humana, desempeña un papel esencial en la vida diaria: desde la publicidad y las finanzas, el crimen y la religión, hasta el odio y el amor; demostrando así por qué la comprensión de sus principios tiene tanto poder sobre la influencia humana.

La psicología puede ser una tarea ardua, lo que explica por qué la mayoría de las personas carecen de esta habilidad. No es necesario aprender todos los diferentes principios; simplemente comience con estas lecciones para obtener una base sólida sobre la cual construir. Leer a las personas con precisión, comprender qué les motiva y sus reacciones inesperadas es clave. Incluso entonces, puede ser necesario tomar clases y leer innumerables libros para obtener una comprensión completa, dependiendo de hasta dónde llegue su comprensión.

Entonces, ¿por qué es tan esencial comprender la psicología y la psicología humana? Porque los que saben más pueden usar ese poder en tu contra.

¿Cómo se utiliza la psicología oscura hoy en día?

Mientras que algunos pueden utilizar tácticas de psicología oscura con la intención de dañar a su víctima, otros pueden utilizar estas estrategias sin manipular a nadie de forma negativa. Algunas de estas estrategias se popularizaron por primera vez durante la Primera Guerra Mundial.
Sin saberlo o intencionalmente, nuestra caja de herramientas se ha ampliado a través de diversos medios, tales como:

* Cuando era niño, probablemente observaba cómo se comportaban los adultos, especialmente aquellos que estaban cerca de usted.

* Cuando era adolescente, su mente se amplió en términos de comprender los comportamientos que le rodeaban.

* Pudiste observar a otros utilizando y luego aplicando con éxito tácticas específicas.

* Al principio, el uso de tácticas podría haber sido accidental; pero tan pronto como comenzaran a trabajar para lograr los objetivos deseados, pasarían a formar parte de su estrategia intencional.

* Es posible que los políticos, oradores públicos y vendedores hayan sido capacitados en estas tácticas para lograr los objetivos deseados.

Tácticas de psicología oscura que se emplean a diario

* Inundación de amor: Inundación de amor se refiere a cualquier forma de convencer a las personas para que cumplan con una solicitud que usted desea. Por ejemplo, si necesita la ayuda de alguien para trasladar algunos artículos a su casa, una inundación de amor podría hacer que esa persona se sienta bien al ayudar, aumentando las probabilidades de que cumpla. Los manipuladores oscuros pueden usar la inundación de amor de esta manera para hacerlos sentir apegados o realizar acciones que normalmente no harían.

* Mentir: Mentir puede referirse a brindarle a su víctima versiones falsas o embellecidas de los eventos en un esfuerzo por lograr lo que desea. Mentir puede implicar decir sólo una parte de la verdad o hacer afirmaciones exageradas para lograr los resultados deseados.

* Negación del amor: una forma de manipulación que puede hacer que la víctima se sienta perdida y abandonada por su manipulador es retener el afecto o el amor hasta que pueda obtener los resultados deseados de ella.

* Retiro: Cuando esto ocurre, la víctima recibe el trato silencioso o se la evita hasta que satisfaga las necesidades de otra persona.

* Limitación de opciones: un manipulador puede otorgar a su víctima acceso a algunas opciones para distraerla de tomar aquellas que no quiere que tome.

* Manipulación semántica: en esta táctica, un manipulador usa palabras con definiciones comúnmente entendidas para confundir a su víctima durante la conversación y luego revela que quiso decir algo diferente cuando usó esa palabra; A menudo, esto altera toda su definición y puede hacer que la conversación deseada progrese aunque la víctima haya sido engañada.

* Psicología inversa: La psicología inversa ocurre cuando manipulas a alguien para que realice una acción solo para que actúe de otra manera, sabiendo muy bien que era lo que el manipulador quería desde el principio.

¿Quién empleará intencionalmente tácticas oscuras?

Muchas personas diferentes pueden utilizar tácticas de psicología oscura en tu contra, que podrían incluir tácticas como las que se encuentran aquí. Como estas personas pueden intentar utilizar estas tácticas oscuras en tu contra, es fundamental que aprendas a reconocer sus enfoques y a mantenerte alejado de ellos. Las fuentes potenciales incluyen:

Narcisistas: las personas que poseen un sentido exagerado de su propio valor a menudo quieren que los demás crean que ellos también son superiores. Para satisfacer este deseo, pueden utilizar técnicas de persuasión y psicología oscura para lograr lo que ven como admiración y adoración por parte de todas las personas con las que entran en contacto.
* Sociópatas: Los sociópatas tienen un impresionante arsenal de rasgos encantadores, inteligentes y persuasivos; sin embargo, sólo actúan de esta manera cuando es necesario para conseguir lo que quieren. El asociativismo significa que carecen de emociones para sentir culpa por usar técnicas de psicología oscura para beneficio personal, incluida la creación de relaciones superficiales según sea necesario para hacerlo.

* Políticos: Los políticos pueden utilizar la psicología oscura para influir en los votantes para que los apoyen, convenciéndolos de que su punto de vista es el correcto.

* Vendedores: No todos los vendedores utilizan tácticas solapadas contra usted; sin embargo, aquellos dedicados a alcanzar sus cifras de ventas podrían utilizar la persuasión oscura para manipular a la gente y aumentar las ganancias.

* Líderes: Los líderes han empleado durante mucho tiempo técnicas de psicología oscura para manipular a los miembros del equipo, subordinados y ciudadanos para que cumplan con su voluntad.

* Personas egoístas: Las personas egoístas se pueden definir como cualquier individuo que prioriza sus propias necesidades antes que las de los demás, sin importar si eso afectará de alguna manera a quienes los rodean. No se preocuparán por dar a otros el crédito que merecen para que ellos mismos puedan beneficiarse; Mientras esta situación funcione a su favor, no importará quién salga perdiendo, pero si alguien termina siendo afectado negativamente, probablemente sea él y no otra persona.

Esta lista cumple dos funciones importantes. En primer lugar, le ayudará a aumentar su conciencia sobre aquellos que pueden intentar manipularlo para que haga cosas que no desea hacer, mientras que puede ayudarle con la autorrealización al estar atento a las personas que buscan obtener algo de usted.

Uno de los objetivos clave de este libro es equiparte contra la psicología oscura y ayudarte a protegerte.

Manipulación mental es un término que se escucha a menudo en las redes sociales y las principales plataformas de comunicación, a menudo en relación con grandes eventos públicos, campañas políticas o estrategias publicitarias. La mayoría de las personas entienden a qué se refiere la "manipulación mental", pero pueden carecer de un conocimiento profundo de su definición y alcance.

La manipulación mental implica dar forma y manipular los pensamientos de otra persona para influir en ella para que haga lo que usted desea. Un manipulador influye en otros a través de medios engañosos o poco éticos.

La manipulación generalmente implica cierto grado de fuerza sobre sus objetivos; es decir, los manipuladores intentarán obligar a sus objetivos a hacer lo que desean a pesar de la oposición de sus propios objetivos.

Ahora bien, cuando hablo de lavar el cerebro a las personas como en las películas, no me refiero a utilizar técnicas de secuestro y lavado de cerebro como se suele describir. Lo que estoy discutiendo son técnicas y estrategias sutiles que se utilizan para convencer a otros de una cosa sin que se den cuenta de que están siendo controlados.

En realidad, los maestros manipuladores hacen que parezca que las personas actúan por su cuenta y no por provocación externa. Aún así, hay cierta fuerza involucrada en la manipulación; por ejemplo, las estaciones de televisión te obligan a mirar su programación y publicidad para alentarte a comprar productos o servicios de los patrocinadores.

Sin embargo, en este caso, la coerción puede evitarse fácilmente:

Simplemente cambia de canal. Sin embargo, la programación y la publicidad están diseñadas para que no quieras hacerlo.

Otras formas de manipulación pueden ser mucho más directas. Los partidos políticos y los candidatos a menudo se promocionan con llamados a la acción como "vota por el mejor candidato" y "vota por fulano de tal si valoras su futuro". Estos intentos abiertos de persuasión se ven con frecuencia en los anuncios de campañas políticas.

Por eso la primera parte de este libro se centra en comprender y reconocer formas comunes de manipulación. No me refiero a algún tipo de camarilla secreta que intenta controlar las mentes humanas en todo el planeta; más bien, personas capacitadas pueden intentar influir en sus opiniones para que usted respalde su agenda.

Una vez que comprenda sus técnicas, no sólo podrá protegerse a sí mismo y a sus seres queridos de influencias externas, sino que también podrá promover su agenda con éxito. Si bien no animo a nadie a salir e influir en las personas con las que entran en contacto directamente utilizando estas técnicas; más bien utilice estas tácticas cuando sea necesario para obtener la ventaja que necesita en la vida.

Relajarse; Estamos a punto de embarcarnos en una aventura extraordinaria. Así que siéntate y emprende el viaje.

Aunque muchas personas utilizan tácticas de psicología oscura con intenciones maliciosas, usted también puede utilizarlas sin dañar a nadie más. Algunas de estas técnicas se agregaron intencionalmente o sin saberlo a nuestra caja de herramientas debido a diversas circunstancias que incluyen:

Cuando era niño, observaba el comportamiento de los adultos que lo rodeaban y cómo interactuaban.

* Cuando era adolescente, su mente y su capacidad para comprender los comportamientos que le rodeaban se agudizaron considerablemente.

* Pudiste observar a otros usar e implementar tácticas específicas con éxito.

* Al principio, el uso de ciertas tácticas podría no haber sido intencional. Pero una vez que demostraron su valía para conseguir lo que usted deseaba, pueden convertirse en herramientas intencionales de su oficio.

* Los políticos, oradores públicos o vendedores suelen aprender técnicas como estas para lograr los objetivos deseados.

Tácticas de psicología oscura que se pueden emplear de forma regular

* Inundación de amor: La inundación de amor implica el uso de halagos para persuadir a otros a que cumplan con su solicitud. Por ejemplo, si desea que otra persona le ayude a trasladar elementos a su casa, utilizar la inundación de amor podría aumentar la probabilidad de que lo haga y facilitar su trabajo. Un manipulador oscuro podría utilizar la inundación de amor de esta manera para ganar influencia contra su objetivo.
Haz que se sientan cercanos y luego convéncelos a hacer cosas que de otro modo se abstendrían de hacer.

* Mentir: Mentir es proporcionar a otra persona información falsa o embellecida para lograr lo que se quiere que se haga, como decir una verdad parcial o exageraciones con el objetivo de lograr lo que se quiere que se haga.

* Negación del amor: La negación del amor puede ser devastadora para sus víctimas, ya que las hace sentir abandonadas por el manipulador. Básicamente, esto implica retener el afecto y el amor hasta que hayas logrado lo que deseas con ellos.

* Retiro: Cuando esta táctica se aplica a alguien, puede recibir un trato silencioso o ser evitado hasta que otros hayan satisfecho sus necesidades.

* Restringir las opciones: Los manipuladores pueden ofrecer a sus víctimas algunas opciones para distraerlas de tomar aquellas que no aprueban.

* Manipulación semántica: esta táctica utiliza palabras que tienen definiciones ampliamente aceptadas entre las partes de la conversación; luego informar a la víctima que quiso decir algo diferente al usar dicha palabra en una conversación. Cambiar su definición a menudo cambia el diálogo en la forma que el manipulador pretende a pesar de engañar a alguien para que ceda a su voluntad.

* Psicología inversa: cuando a alguien se le dice que actúe de una manera, con la expectativa de que en realidad responda de manera diferente, solo para que todo resulte diferente a lo previsto por el manipulador. En esencia, la psicología inversa funciona exactamente como su nombre lo indica: hacer que las personas se comporten de la manera que el manipulador quiere.

¿Quién va a emplear tácticas en la sombra deliberadamente?

Es posible que haya muchas personas que utilicen el chantaje en tu contra y pueden surgir en varios aspectos de tu vida, haciendo que su presencia sea extremadamente peligrosa.
Es imperativo aprender a evitar las tácticas de la psicología oscura, y algunos ejemplos de personas que utilizan dichas estrategias incluyen:

*Narcisistas: estos individuos a menudo poseen opiniones infladas de sí mismos y tienen la necesidad de convencer a los demás de esta realidad. Para satisfacer su deseo de ser adorados y reverenciados por todas las personas que conocen, estos narcisistas recurren a técnicas de persuasión y psicología oscura para alcanzar este objetivo final.

* Sociópatas: Los sociópatas tienen un aire de encanto, inteligencia y persuasión, pero sólo para conseguir lo que quieren. Como carecen de emociones o remordimientos por lo que hacen, utilizar técnicas de psicología oscura (incluidas las relaciones superficiales) para lograr lo que desean no es un problema para ellos.

* Políticos: Utilizando la psicología oscura, los políticos podrían convencer a los votantes de que voten por ellos convenciéndolos de la superioridad de su punto de vista.

* Vendedores: No todos los vendedores usan tácticas solapadas contra usted, pero aquellos enfocados en alcanzar sus cifras de ventas podrían usar técnicas de persuasión para manipular a otros y obtener resultados más rápido.

* Líderes: Los líderes han utilizado durante mucho tiempo técnicas de psicología oscura para influir en los miembros del equipo, los subordinados y los ciudadanos para que hagan lo que desean.

* Personas egoístas: Las personas egoístas incluyen a cualquiera que antepone sus propias necesidades a las de los demás. Por lo general, a estas personas no les molesta quién se beneficia en cualquier situación, siempre y cuando se beneficien principalmente a ellos mismos (si eso significa que otros obtienen menos, está bien), pero cada vez que una de las partes sale perdiendo, probablemente serán ellos y no la otra.

Esta lista cumple dos funciones. En primer lugar, le ayudará a ser más consciente de aquellos que intentan manipularlo para que haga cosas que usted no quiere hacer; en segundo lugar, puede ayudar con la autorrealización. Uno de los objetivos principales de este libro es que usted reconozca a quienes buscan algo de usted sin considerar ninguna repercusión negativa; De esa manera podrás protegerte contra la psicología oscura.

Quién controla nuestras vidas Es interesante observar la larga historia de manipulación dentro de la sociedad. Saber más sobre la persuasión le permitirá estar mejor preparado para afrontarla.

Este capítulo nos dará una breve visión de la manipulación aplicada a la vida y el comercio. Al comprender dónde puede existir la manipulación y quién intenta manipularlo, obtendremos una idea de su prevalencia en nuestra vida diaria e identificaremos a quienes intentan manipularnos. No todos los que manipulan son necesariamente maliciosos; a veces las personas pueden actuar en contra de quienes realmente son o incluso sin darse cuenta. Las empresas comerciales utilizan técnicas de persuasión para animar a los clientes a comprar sus productos y servicios; reconocer dichas tácticas nos ayudará a manejarlas con mayor éxito.

Como individuos, nos gusta creer que tomamos decisiones responsables en la vida. Desafortunadamente, no siempre tenemos el control total, especialmente cuando los niños están influenciados por sus padres y no tienen voz directa sobre nuestra educación. Una vez que ingresamos al sistema educativo, somos aún más manipulados. Los maestros brindan instrucción sobre las normas sociales y las expectativas sobre nosotros en la sociedad; Más adelante, como adultos, podemos incluso volvernos susceptibles a la manipulación por parte de políticos que esperan ganar votos para sus causas. Muchos son persuadidos a votar por ciertos partidos basándose en lo que prometen para el futuro, incluso si no apoyan todas sus políticas. Esto da a los políticos poder sobre nuestras vidas: ¿realmente estamos a cargo o simplemente estamos siendo persuadidos?

Más adelante en este libro examinaremos varias tácticas de manipulación, tanto encubiertas como abiertas. En primer lugar, debes reconocer cuándo te están manipulando para poder contrarrestarlo; Los expertos han aportado sus perspectivas sobre este tipo de comportamiento entre nosotros.

Reconociendo el arte de la manipulación

¿Dónde debemos tener cuidado en nuestra vida diaria?

Lenguaje Persuasivo Sus Imágenes cuentan mil historias; Las palabras tienen una influencia aún más fuerte a la hora de inspirarnos, a veces hasta el punto de manipularlas. ¿Alguna vez te ha inspirado un orador cuyo discurso dramático te motiva a actuar? Y las palabras nos influyen incluso cuando se pierden por completo en un gran libro; ¡Las palabras tienen un poder que nos obliga a creer algo incluso cuando nuestros sentidos nos dicen lo contrario! La comunicación se puede utilizar eficazmente como una fuerza poderosa para convencer a las personas de que hagan cosas que de otro modo no harían.

* Los anunciantes y vendedores emplean lenguaje para persuadirnos de que sus productos son exactamente lo que necesitamos, como el uso de palabras como:

Asequible; Conveniente; Agradable; Ahorro de tiempo y garantía de satisfacción.

Observe cómo todas estas palabras nos hacen creer que tienen confianza en su producto o servicio.

Los políticos emplean con frecuencia lenguaje como:

"Nosotros" - para invitarte a su mundo.

Hazte sentir parte de nuestro equipo

Estas estrategias de comunicación tienen como objetivo hacernos sentir incluidos y, por tanto, importantes.

Los agresores utilizan tanto palabras como comportamiento agresivo para lograr sus propios objetivos personales.

Los depredadores criminales como los psicópatas, sociópatas y narcisistas utilizan el lenguaje persuasivo como vía para controlar a otro individuo. Existen seis teorías sobre la manipulación psicológica; En el presente documento se examinó una teoría del sesgo cognitivo como una forma potencial.

Hay varios procesos psicológicos y teorías sobre la persuasión que han sido ampliamente reconocidos, uno de ellos es el Modelo de Respuesta Cognitiva de Anthony Greenwald de 1968, que todavía demuestra su valor hoy en día como factores determinantes de la persuasión y se utiliza ampliamente en la publicidad.

Greenwald propone que lo que determina el éxito de la persuasión no son las palabras sino más bien los sentimientos; Las emociones jugarán un papel más importante que las palabras en la facilidad con la que nos persuadimos.

Los pensamientos internos incluirán aspectos tanto positivos como negativos, dependiendo de la personalidad de cada individuo. Este no es un proceso de aprendizaje, sino más bien de si alguien ya ve un mensaje con cogniciones (cogniciones) favorables o desfavorables.

Los persuasores deben confiar en su experiencia para abordar los contraargumentos de manera efectiva y evitar que su objetivo tenga tiempo suficiente para desarrollar cualquiera de ellos. Además, el persuasor debería fomentar que los argumentos positivos surjan más fácilmente para aumentar su tasa de éxito; esto aumenta el "efecto de persuasión".

La persuasión se vuelve más desafiante si se ha advertido al objetivo con anticipación lo que se pretende decir; esto les permite desarrollar contraargumentos si su "mensaje" va en contra de lo que creen actualmente. La investigación realizada por Richard E. Petty en 1977 demostró este punto: demostró que los estudiantes a los que se les notificaba un evento tenían menos probabilidades de quedar convencidos que aquellos a los que no se les había advertido previamente.

2 Reciprocidad

Una teoría bien investigada para ayudar a explicar nuestra susceptibilidad a la persuasión se encuentra dentro de la Regla de Reciprocidad, basada en convenciones sociales. Si alguien le hace un favor o hace algo bueno por usted, es más probable que se sienta obligado a corresponder devolviéndole el favor de alguna forma.

Subconscientemente, la reciprocidad también puede entrar en juego. Sin darte cuenta, puedes acceder a realizar o favores que alguien te solicita porque en algún momento hizo algo por ti y se siente obligado; incluso si su solicitud normalmente te haría decir que no.

Las empresas suelen recurrir a esta táctica cuando intentan aumentar las ventas. Al ofrecer muestras gratuitas o pruebas por tiempo limitado, las empresas esperan que los clientes se sientan obligados a devolver el favor y comprar o renovar un acuerdo.

La reciprocidad es un proceso psicológico bien establecido. Es un comportamiento adaptativo que habría aumentado nuestras posibilidades de supervivencia en el pasado; Al ayudar a los demás, aumentas las posibilidades de que algún día te ayuden. Pero la reciprocidad también puede tener sus desventajas: cuando alguien nos hace daño, nuestro instinto de venganza también puede impulsarnos.

La investigación académica respalda firmemente la Regla de Reciprocidad. Burger et al (2009) realizaron una investigación que demostró cómo es más probable que los participantes acepten las solicitudes cuando el solicitante les ha hecho un favor en el pasado.

Métodos de manipulación de información 3

El engaño es una de las herramientas principales en la caja de herramientas de cualquier manipulador. Se trata de proporcionar información incompleta o engañosa a su víctima, con el fin de desequilibrar su forma de pensar y dejarla vulnerable. La manipulación también incluye el uso del lenguaje corporal intencional como persuasor y manipulador.
La teoría de McCornack enumera cuatro máximas que definen las declaraciones veraces; cualquier desviación de estos hará que el mensaje sea intencionalmente engañoso. Estas máximas incluyen:

Cantidad
Cantidad se refiere a la "cantidad" de información presentada. La mayoría de nosotros nos esforzamos por presentar la información suficiente para que el destinatario comprenda plenamente nuestro mensaje sin proporcionar demasiado o muy poco; muy poco podría causar confusión; demasiado podría abrumar. Un manipulador, sin embargo, jugaría con esa cantidad omitiendo ciertas piezas que considera irrelevantes si al hacerlo pudiera ir en contra de su argumento y esta práctica se conoce como "mentir por omisión".

La calidad se refiere a la exactitud de la información proporcionada. Lograr una comunicación verdadera se considera de alta calidad; de lo contrario, los receptores escucharían falsedades intencionales (o mentiras descaradas) destinadas a obtener el poder de manipulación.

Relación

Aquí discutimos la "relevancia" de la información para el mensaje. Para eludir una pregunta incómoda u ocultar sus propias debilidades, los manipuladores a menudo alteran el tema con temas engañosos para desviar o desviar la atención de lo que realmente necesita ser discutido; o enfatizar demasiado algo que les dará mayor poder sobre los oyentes.

Manera Manera de comunicar un mensaje. Un componente integral es el lenguaje corporal: leemos inflexiones y expresiones faciales al escuchar, que pueden ser exageradas para engañar la presentación de su mensaje, con el objetivo de enfatizar su agenda.

Mentir para manipular o persuadir a alguien no es nada nuevo; sin embargo, su poder no ha hecho más que volverse más poderoso en el entorno globalizado actual. Las plataformas de comunicación de las redes sociales no siempre implican un contacto directo cara a cara entre dos personas, lo que facilita que los manipuladores tergiversen la información o fabriquen falsedades en dichas formas de correspondencia.

No toda manipulación es necesariamente negativa; a veces necesitamos ayuda para tomar buenas decisiones por nosotros mismos y aquí es donde la teoría del empujón resulta útil; su sistema de refuerzo positivo se basa en pequeños empujones para el cambio.

Los estudios de Skinner, o conductismo, ilustran cuán útil puede ser esta teoría. Al ofrecer recompensas como refuerzo positivo, el conductismo puede incitar a las personas a actuar de acuerdo con lo que usted desea.

El empujón se puede ver en este ejemplo de cómo los clientes recibieron un empujón adicional para comprar el segundo artículo de mayor precio, ¡todo en beneficio del restaurantero! Los clientes recibieron este impulso adicional.

La teoría del empujón puede ser una estrategia económica extremadamente eficaz. Pero su aplicación se extiende mucho más allá de la economía para fomentar cambios de comportamiento y dar forma a decisiones personales; incluso las normas sociales aceptadas pueden modificarse mediante esta técnica.

Empujar fue una estrategia tan efectiva que el gobierno británico estableció un Equipo Departamental de Perspectivas del Comportamiento en 2010 para ayudar a desarrollar políticas, que se conocía comúnmente como Unidad de Empuje.

Aunque emplear "empujones" puede tener algunas ventajas obvias, utilizar la manipulación psicológica puede violar las libertades civiles de un individuo.

5 estrategias de manipulación social
La manipulación psicológica es una forma de manipulación frecuentemente empleada por políticos o personas poderosas para promover sus propios intereses. En el peor de los casos, la manipulación psicológica sirve como una forma de control social (despojando la individualidad y obligando a la población a aceptar lo que se les da), aunque sus aplicaciones positivas incluyen la mejora de la salud y el bienestar, por ejemplo.

Quien esté en el poder y utilice la manipulación social puede emplear técnicas de distracción para desviar temas importantes. Argumentarían que sus propuestas están diseñadas para beneficiar no sólo a ellos mismos, sino a su familia en su conjunto y su futuro; cualquier diferencia con ellos se consideraría incorrecta y egoísta: este tipo de persuasión trata a los individuos casi como niños; su objetivo es hacer que todos crean que todo lo que está mal es enteramente su responsabilidad, mientras que la única solución radica en escuchar la guía de expertos que saben más.

Semejante estrategia política implicaría llamar la atención sobre un problema social y encubrir otros. Esta táctica tiene como objetivo provocar malestar social y pánico entre la población; Al crear malestar dentro de la sociedad, la gente comenzará a exigir cambios para mejorar. Entonces, en un intento por ocultar sus problemas con la atención médica, un departamento podría reducir su presupuesto para la prevención del delito, lo que provocaría que las estadísticas de delincuencia se dispararan y alimentara información diseñada para convencer a los ciudadanos de que saben mejor cómo resolver los problemas de delincuencia. Los políticos alimentan la propaganda difundiendo sus propias verdades y hechos, que pueden ser siempre exactos o no; A veces, incluso información exagerada, como las estadísticas, puede utilizarse indebidamente para lograr los efectos deseados. La manipulación social tarda años antes de que se puedan lograr los resultados deseados.

La manipulación psicológica es parte de la influencia social, lo que nos convierte a todos en títeres sociales hasta cierto punto. ¡La mayoría de nosotros empleamos la manipulación psicológica sin siquiera darnos cuenta!

Como lo espera la sociedad, es nuestra responsabilidad ajustarnos y cumplir con sus estándares para evitar desordenes discordantes en la sociedad.
Considere por un momento qué dispositivo o producto de mejoras para el hogar le gustaría comprar más: ¿es algo recomendado por un amigo, vecino o algo que aparece en línea que lo hace codiciar más? La manipulación social también funciona de esta

manera: otros pueden persuadirnos fácilmente cuando tenemos la guardia baja; Que eso se vea como bueno o malo depende enteramente de la perspectiva individual.

Como se analizó anteriormente, no toda manipulación social es mala; de hecho, puede incluso tener resultados positivos. Si bien el término "manipulación" puede evocar imágenes de personas sin escrúpulos que someten a la gente a su voluntad, cuando se usa adecuadamente puede ayudar a la sociedad en su conjunto. Un buen ejemplo de manipulación social serían los especialistas de la salud que nos alientan a comer más frutas y verduras (las "campañas 5 al día") o las campañas para dejar de fumar, que han resultado en una reducción del número de fumadores así como una menor incidencia de enfermedades relacionadas con el tabaquismo; ¡Tales tácticas constituyen formas efectivas de coerción en su máxima expresión!

6 iluminación de gas

El gaslighting puede ser la forma más cruel de manipulación. Es un intento de arrojar dudas sobre la cordura y la autoestima de una persona plantando semillas de duda en ella, a menudo utilizando mentiras repetidas como cebo hasta que finalmente llegas a creerlas como verdades.

El gaslighting es una forma inhumana de manipulación en la que una persona hace que otra dude de sí misma y pierda toda confianza en sí misma, lo que lleva a un completo colapso psicológico y subyugación por una presencia adversaria. Los encendedores de gas socavan constantemente a su objetivo al contradecirlo o al sugerir que siempre se equivocan, a veces hasta el punto de acusarlo de decir mentiras ellos mismos, una acción diseñada para reducir su autoestima antes de quedar completamente subsumido bajo el control dominante de personas externas que toman el control convirtiéndose en los propios opresores. Cuando eso ocurre, quedan sujetos a la presencia dominante de su opresor, quien se vuelve servil antes de sucumbir finalmente a la influencia dominante de fuentes externas. Los encendedores de gas buscan poder sobre ellos a cambio y, en última instancia, se convierten en víctimas de su dominante maestro.

La manipulación de influencers es una forma de abuso mental que a menudo se ve en relaciones personales abusivas. Un influencer utilizará diversas técnicas para hacer que su víctima dude de sí mismo, hasta el punto de cuestionar sus recuerdos negando eventos pasados que sucedieron entre ellos y ellos.

El gaslighting requiere tiempo y esfuerzo para ser completamente efectivo. Un manipulador desgastará a su víctima durante un período prolongado, lo que a su vez la hará dudar de su propia cordura.

El Dr. George Simon PhD es psicólogo clínico de la Universidad de Texas. En sus estudios de personas con personalidades angustiantes, particularmente psicópatas, sus hallazgos lo llevaron a concluir que ciertos tipos de personalidad eran muy propensos a la manipulación; usando mentiras y lenguaje agresivo lograron sembrar dudas en la mente de sus víctimas hasta que finalmente, su objetivo perdió la fe en sí mismo y creyó lo que decía el manipulador, finalmente cayendo bajo el control de él o ella.

Secretos de la psicología
La mayoría de las técnicas psicológicas sirven tanto para aplicaciones de psicología blanca como oscura; su utilidad depende de la intención de quienes los emplean.

En este capítulo, veremos varias técnicas psicológicas utilizadas con fines ilícitos.
Persuasión oscura
La persuasión es, con diferencia, la técnica psicológica más frecuentemente empleada, a menudo utilizada en la psicología blanca; casi todos hemos utilizado la persuasión como parte de esa disciplina en algún momento u otro; sin embargo, sólo unos pocos han empleado la persuasión como una forma eficaz de manipulación de la psicología oscura.

Antes de profundizar en la persuasión oscura, consideremos primero sus componentes principales.

¿Qué es la persuasión? mes La persuasión es la práctica psicológica de utilizar argumentos persuasivos de tal manera que motiven, influyan o cambien las actitudes o el comportamiento de un individuo para lograr los resultados deseados.

Consejos de persuasión A continuación se presentan varias estrategias de persuasión esenciales que debe dominar para llegar a ser persuasivo con éxito:

Investigar para obtener asesoramiento de expertos

Sea un líder intelectual: dirija el pensamiento de los demás y dé el ejemplo.

Tenga confianza, utilice declaraciones declarativas y asertividad:

Reducir al máximo el sarcasmo.

Sonar razonable y monitorear las reacciones en respuesta a respuestas sutiles; escuchar activamente y sugerir en lugar de exigir; observar activamente; ser emocionalmente inteligente

Tácticas de persuasión
Aquí hay varias tácticas de persuasión básicas pero importantes:

Utilice el nombre de la persona con la que se está relacionando.

Conéctese personalmente y establezca una buena relación.

Desarrollar relaciones y abrir puertas a la reciprocidad.

Utilice palabras motivadoras. Sea flexible y adaptable: adáptese para adaptarse a cada objetivo individualmente (sin un enfoque general). Utilice la técnica de duplicación y comparación de PNL.

Utilice el efecto Bandwagon a su favor

Cree cierta incertidumbre entre aquellos a quienes está persuadiendo creando una sensación de escasez de atención.

Crear suspenso a través de lagunas deliberadas (brechas de información).

Aplique la estrategia de "el pie en la puerta": haga una pequeña solicitud que abra más puertas para solicitudes más grandes posteriores.

Subrayar el valor de su propuesta para aquellos a quienes está tratando de persuadir es clave cuando se trata de persuadirlos de su valor, ya que cada persona inconscientemente se pregunta: "¿Qué gano yo con esto?"

mes El efecto del carro
El efecto bandwagon puede describirse como el impacto colectivo que grupos de personas pueden tener sobre miembros individuales dentro de esa multitud o grupo de personas.

A continuación se presentan algunas características clave del efecto bandwagon:

Mentalidad de rebaño: las personas tienden a conformarse cuando se las persuade de que seguir a otros conducirá al éxito. Prueba social: las personas tienden a seguir lo que parece ser la causa más popular.

Denunciar las pruebas sociales negativas (como tirar basura, talar, mal comportamiento sexual, darse atracones y fumar) en realidad puede promoverlas. Por ejemplo, criticar un aumento en el ausentismo del 15% al 20% también debería reforzar la prueba social positiva al señalar a la mayoría de los empleados (80%+) que no han faltado al trabajo y discutir las pocas manzanas estropeadas que permanecen ausentes como insignificantes en comparación con lo que debería enfatizarse y reducirse aún más.

Engaño

El engaño puede definirse como cualquier acto que busca ocultar, tergiversar o promover algo que es falso con el fin de encubrir, desacreditar o promover una opinión con la intención de convencer a otro individuo de que actúe de acuerdo con objetivos o expectativas predefinidas.

El engaño implica manipular las apariencias para transmitir una representación inexacta de la realidad.

La esencia del engaño reside en el ocultamiento. Las técnicas de engaño comunes incluyen:

La propaganda implica difundir información falsa como verdad o hechos, mientras que el camuflaje disfraza la verdadera naturaleza de las cosas; un ejemplo podría ser utilizar obras de caridad como tapadera para infiltrarse en una zona.

La pretensión se refiere a asumir un alter ego; por ejemplo, fingir inocencia cuando uno es culpable, actuar enfermo cuando se siente perfectamente sano, fingir dolor cuando en realidad estás celebrando algo importante, etc.

Mistificación: crea un aura de lo sobrenatural reteniendo información o actuando de manera que parezca sobrenatural, haciéndote atractivo para quienes se inclinan por las creencias.

Paltering: Los prestidigitadores, magos y actores suelen emplear esta táctica para desviar la atención de las personas de ellos mismos y hacia ti, desviándola a tu favor para cumplir objetivos personales. Esta táctica también funciona bien cuando se intenta lograr resultados mediante actuaciones públicas como conciertos.

Tipos de engaño

El engaño adopta dos formas principales.

Las mentiras por comisión (disimulación) son formas activas de engaño. Una persona que miente por comisión engaña o miente directamente alterando hechos materiales deliberadamente para su beneficio.

Simulación u omisión (mentira por omisión): las mentiras de simulación son formas indirectas de engaño en las que alguien involucrado en el engaño no altera directamente los hechos materiales; más bien ocultan aquellas que habrían cambiado la toma de decisiones de quienes fueron engañados.

Engaño
El engaño, como cualquier acto de engaño, va más allá para obtener ganancias de las víctimas para beneficio personal. Dupery implica colocar trampas o cebos que atrapan a las víctimas antes de explotarlas para obtener beneficios personales o nefastos.

Adoctrinamiento
El adoctrinamiento se refiere al proceso de inculcar creencias a alguien sin darle la oportunidad de realizar una investigación crítica independiente.

Estrategias utilizadas para el adoctrinamiento:

Entrenamiento de memoria: esta práctica de imprimir información en los recuerdos de las personas mediante acciones repetidas, como repetir mantras durante las oraciones o contar cuentas mala durante la oración, se conoce como entrenamiento de memoria.

A las personas entrenadas para hacer afirmaciones se les instruye a decir palabras que afirmen ciertas afirmaciones, creando así la impresión de que esas afirmaciones son ciertas.

Obstrucción de la verdad y los hechos: esta táctica busca impedir que quienes están siendo adoctrinados accedan a fuentes de verdad o hechos, como libros considerados "satánicos". También se pueden emplear técnicas de psicología del miedo, como advertirles que experimentarán pesadillas o serán visitados por espíritus vampíricos si leen esos libros.

Confesión - Cada uno de nosotros tiene un pasado lleno de pecado. Puede haber cosas que hicimos que nos hagan arrepentirnos; Una táctica de adoctrinamiento implica obligar a las personas a confesar. Una vez que la gente confiesa, su autoridad moral disminuye ante los adoctrinadores, llevándolas por un camino de sumisión hacia el adoctrinamiento.

Aislamiento: el objetivo principal del aislamiento es alejar a alguien de las influencias que hacen que el adoctrinamiento sea imposible o más difícil, aislándolo por completo de la familia, la sociedad o las relaciones normales. Por lo tanto, las víctimas pueden quedar aisladas de la familia, la sociedad y las relaciones normales, lo que las lleva a creer cualquier cosa que digan sus adoctrinadores sin recibir otra opinión sobre estas afirmaciones de terceros de confianza. El aislamiento también sirve como una forma de obstrucción cuando la verdad y los hechos no pueden evaluarse objetivamente desde perspectivas de terceros confiables.

Imposición de culpa: la imposición de culpa es similar a la confesión forzada; sin embargo, la imposición de culpa implica inculcar un sentimiento de culpa en la mente de la víctima por parte de adoctrinadores que encuentran formas de descubrir cualquier irregularidad y luego usan ese acto en su contra para infligirle culpa. Al igual que la confesión forzada, el objetivo principal de esta táctica es la imposición de culpa. La confesión puede servir para socavar la posición moral de la víctima y presionarla para que se someta psicológicamente.

Imposición de fobia: el miedo psicológico puede inculcarse mediante técnicas de adoctrinamiento de los adoctrinadores; A las víctimas les resulta cada vez más difícil funcionar fuera de su dominio de influencia. Ejemplo de inducción a la fobia Las compañías de seguros utilizan tácticas que inducen miedo en sus clientes potenciales, exagerando los posibles riesgos que podrían ocurrir si el cliente potencial opta por no asegurar la vida o la propiedad de sus seres queridos, mientras que los gobiernos a menudo recurren a infundir miedo para impulsar sus acuerdos. agendas.

Los rituales tienen una marca indeleble en la psicología de cada uno, lo que explica por qué tantas tradiciones, religiones, cultos, organizaciones políticas y grupos civiles emplean rituales como un elemento de sus prácticas. Se pueden realizar rituales antes de la oración o de los servicios funerarios, así como antes de que comience la guerra; estas ceremonias aumentan la susceptibilidad a cualquier propuesta que puedan estar planteando los adoctrinadores.

Dependencia inducida: los manipuladores a menudo emplean esta táctica en relaciones en las que quieren tomar ventaja sobre sus víctimas, por ejemplo entidades imperialistas o colonialistas que perpetúan la pobreza antes de pretender salvarla de su destino. Pueden ofrecer ayuda condicional o subvenciones que contengan condiciones diseñadas para aumentar la dependencia y hacer que las víctimas sean más propensas a la explotación. Dado que este empobrecimiento deliberado no habría conducido a una pobreza tan extrema ni habría dado lugar a ayudas y subvenciones tan generosas, esto induce a la dependencia. Los cónyuges frecuentemente permiten que una pareja insegura cree condiciones que la hagan dependiente; un marido inseguro podría hacerla más dependiente.
Una vez que su esposa pierde el empleo, un marido inseguro puede controlar y manipular más fácilmente a su cónyuge desempleado, ya que él es su principal fuente de independencia financiera. La falta de autonomía financiera la hace vulnerable a los dictados de su marido.

Castigo: al crear un sistema de incentivos y ofrecer pruebas/exámenes como castigo, aquellos que aprueban su programa de adoctrinamiento son castigados en consecuencia.

Características del adoctrinamiento

No es de extrañar que el adoctrinamiento impregne la mayoría de los aspectos de nuestras vidas: tiene lugar en los hogares (por parte de padres y profesores), en las escuelas (por parte de profesores), en la vida pública (por parte de políticos y gobiernos), etc.

Éstos son algunos atributos clave de las herramientas de adoctrinamiento:

Miedo, dogmatismo, fundamentalismo, cierre cognitivo y privación percibida como fuentes de adoctrinamiento
Puede haber varias fuentes encubiertas y abiertas de adoctrinamiento; Aquí hay algunas fuentes comúnmente abiertas:

Instituciones religiosas, escuelas y establecimientos educativos.

Guía para padres sobre los medios (medios convencionales, alternativos y sitios de redes sociales).

Políticos
Lavado de cerebro de la pareja matrimonial El término 'lavado de cerebro' se refiere al proceso de desalojar de su sistema el conjunto existente de viejas creencias en favor de otras nuevas que surgen sin que nadie las haya pedido o adoptado voluntariamente. El lavado de cerebro ocurre sin consentimiento.

El lavado de cerebro puede adoptar muchas formas; a veces es sutil e involuntario mientras que otras veces es violento. Un ejemplo violento fue la conversión forzada durante las cruzadas y la yihad. En tales casos, las víctimas son conscientes de lo que está sucediendo, pero lo aceptan como un mecanismo eficaz para evitar daños mayores, como la muerte.

El lavado de cerebro violento suele ocurrir dentro de sectas militantes u organizaciones criminales donde las víctimas se encuentran atrapadas sin una ruta de escape.

Las posibles víctimas de un violento lavado de cerebro incluyen:

Prisioneros (particularmente prisioneros de guerra)

Esclavos bajo cautiverio
Víctimas secuestradas de la esclavitud a la venta por captores
Extranjeros ilegales El lavado de cerebro sutil a menudo ocurre sin que la víctima se dé cuenta; aquí, el perpetrador busca víctimas susceptibles a las que pueda persuadir más fácilmente. Además, estas víctimas vulnerables suelen encontrarse en circunstancias extremas, lo que genera vacíos psicológicos que buscan la realización.

A continuación se presentan algunas víctimas potenciales de lavado de cerebro involuntario:

¿Vive con una enfermedad crónica desconocida? En caso afirmativo, lea esto.

Los menores que han abandonado su hogar para vivir solos suelen vivir lejos.

Las personas que han perdido sus empleos y sufren emocionalmente se encuentran en una profunda desesperación.

Perder a seres queridos por divorcio o muerte puede ser devastadoramente doloroso.

Pasos comunes en el lavado de cerebro

A continuación se detallan algunos de los pasos que suelen seguir los lavadores de cerebro cuando intentan lavar el cerebro de sus víctimas:

1. Aislamiento
2. Ataque a la Autoestima Subyugación Sometimiento
Probando 5 bombardeos de amor
Los lavadores de cerebro entienden que los familiares o miembros del círculo cercano podrían identificar rápidamente lo que le está ocurriendo a una víctima y así rescatarla, por lo que el paso inicial que dan para subvertir a una víctima es aislarla de sus seres cercanos, como familiares o amigos. .

Los líderes de una secta, por ejemplo, pueden inculcar opiniones negativas de familiares y amigos cercanos a las víctimas, creando división entre ellos y sus seres queridos como resultado de tácticas de lavado de cerebro utilizadas en su contra por vampiros psíquicos que absorben energía y enferman crónicamente a las personas; la víctima puede sucumbir a tales tácticas de lavado de cerebro debido a una enfermedad y desesperación, aislándose en última instancia de alguien que podría haberla salvado por completo del lavado de cerebro.

Ataque a la autoestima Una víctima que sufre de baja confianza o de baja autoestima es vulnerable al lavado de cerebro, por lo que un lavador de cerebro busca alcanzar este estado atacando su autoestima.

Los lavadores de cerebro emplean varias estrategias para socavar el sentido de autoestima de sus víctimas, tales como:

Abuso verbal y físico: a menudo utilizado en técnicas violentas de lavado de cerebro para deshumanizar a la víctima y socavar su sentido de valía.

Falta de sueño: sin un descanso adecuado, las personas son más vulnerables a la presión psicológica debido a la reducción de la conciencia. Sin plena conciencia, las instrucciones de lavado de cerebro se vuelven más fáciles para un individuo exhausto que busca sólo un poco de paz y tranquilidad para poder conciliar el sueño rápidamente.

Intimidación: La intimidación es una de las muchas técnicas que utilizan los lavadores de cerebro para obligar a alguien a someterse sin su voluntad, como por ejemplo mediante la amenaza de castigo o el castigo mismo.

Vergüenza: esta estrategia se puede utilizar si una víctima potencial alberga algún secreto desagradable que preferiría permanecer oculto, por ejemplo, utilizando diversos medios para obtener fotografías de desnudos o inducir la infidelidad conyugal en dichas personas. Una vez que un lavador de cerebro adquiere estos materiales, comienza a avergonzar sutilmente a la víctima sin revelar públicamente nada sobre este material, pero usando términos generalizados que indican un comportamiento inmoral por parte de su objetivo. La víctima comprende a dónde conducen estas señales y, por lo tanto, está decidida a evitar que su lavador de cerebro revele estos contenidos vergonzosos, dándole la ventaja necesaria para lavarle el cerebro a su víctima. Ejemplos de escenarios de lavado de cerebro incluyen obligar a las víctimas a realizar rituales que socavan su propio valor y autoestima, subyugándolas aún más a su lavador de cerebro. Con el tiempo, las víctimas pueden desarrollar el síndrome de Estocolmo, donde en lugar de defenderse, comienzan a apoyar a su lavador de cerebro.
Proteger al Lavacerebros (lo que, inconscientemente, significa proteger sus "secretos")

Los lavadores de cerebro utilizan la creación de escasez, como el racionamiento de las necesidades básicas, y solo los liberan cuando un individuo actúa bajo sus órdenes, para subyugar a las víctimas. El lavado de cerebro busca poner a las víctimas bajo control total para que se vuelvan completamente sumisas.

A continuación se muestran algunas tácticas utilizadas para la subyugación:

Abuso extremo entre nosotros y ellos
Bombardeo de amor Abuso extremo Una víctima está sujeta a abuso extremo; a menudo se emplea abuso emocional y psicológico, y el abuso físico sólo se utiliza con fines violentos de lavado de cerebro y no con técnicas sutiles de lavado de cerebro.

Nosotros contra ellos
La víctima se ve obligada a elegir entre su lavador de cerebro y la sociedad en su conjunto. No hay posibilidad de escapar para esta víctima.

Los sujetos con lavado de cerebro presentan víctimas que todavía albergan pensamientos sobre "ellos", el mundo exterior. Cualquier intento de las víctimas de considerar quedarse con "nosotros", los sujetos con lavado de cerebro, conducirá a graves abusos hasta que decidan unirse a su lavado de cerebro y abandonarlos.

Prueba o evaluación
Se realizan pruebas para determinar si la víctima ha hecho su elección y ya no desea unirse a "ellos", al mismo tiempo que se prueba su nivel de obediencia.

Bajo control secreto, las víctimas pueden ser liberadas entre "ellos" (la población general) con la condición de que regresen en una fecha determinada y ser monitoreadas en secreto para ver si eligen regresar a "nosotros" (grupo con lavado de cerebro).

Si la víctima no quiere regresar, entonces es secuestrada y devuelta a nuestro redil, y así el círculo vicioso comienza de nuevo.

En caso de que la víctima regrese voluntariamente, pasamos a la etapa dos, conocida como bombardeo amoroso.

La mayoría de las víctimas consideran que el viaje de regreso a la sociedad es demasiado desafiante y, por lo tanto, prefieren regresar a casa en lugar de reconstruir lo que se perdió.

Bombardeo de amor Una vez que las pruebas demuestran que a una víctima se le ha lavado el cerebro con éxito, se pueden utilizar técnicas de bombardeo de amor para impulsarla a unirse.

El bombardeo de amor puede implicar elogios, promociones en el orden de los temas, obsequios recibidos, etc.

Seducción oscura La "seducción oscura" se refiere al uso de herramientas psicológicas diseñadas para utilizar tácticas de manipulación oscura contra individuos con el fin de inducirles a entablar relaciones que satisfagan sólo el interés propio de una de las partes y no produzcan beneficios tangibles para ninguna de las partes involucradas.

Un seductor sin escrúpulos juega con los deseos de su víctima para satisfacer su propia agenda lujuriosa.

Aunque la seducción suele asociarse con el sexo opuesto, también puede involucrar a alguien del mismo género e incluso a aquellos que se identifican como no sexuales.

La seducción oscura no implica únicamente actos sexuales; más bien utiliza la estimulación sexual para lograr ciertos objetivos.

La estimulación sexual hace que las víctimas sean menos lógicas y racionales y, por tanto, más abiertas a la manipulación.

A continuación se muestran algunas técnicas de seducción oscura:

Love Bombing implica enviar expresiones provocativas y tópicos a otros como obsequios, con o sin que se les solicite explícitamente que lo hagan.

El objetivo principal de la seducción oscura es apelar al ello primitivo de un individuo y reducir la anticatexis; animándolo así a romper con el superyó y descender al ello, donde existe el hedonismo.

Se pueden emplear acciones y recompensas eróticas contra la víctima para reforzar este estado de ello y eliminar toda evidencia de superyó o anticatexis.

La mayoría de las veces, el adoctrinamiento y el lavado de cerebro pueden ayudar a desmantelar el superyó. La hipnotización, sin embargo, se utiliza como una técnica poderosa para este propósito: llevar la mente de alguien a un estado abierto en el que puede ser persuadido por cualquier sugerencia que usted le haga.

Un individuo bajo hipnosis es similar a alguien dormido caminando; su conciencia se centra singularmente en caminar sin captar señales de fuentes externas.

Mientras se encuentra en estado hipnótico, un individuo no puede extraer conscientemente referencias de fuentes externas, sólo de sugerencias. La conciencia periférica disminuye o desaparece por completo a medida que su mente queda atrapada dentro de una burbuja impenetrable, inmune a las señales externas que normalmente la penetrarían.

Inducción hipnótica
La inducción hipnótica implica darle a alguien instrucciones y sugerencias diseñadas para inducir la hipnosis.

Características clave de la hipnosis:
Atención concentrada centrada en un objeto o idea Aislamiento de la conciencia periférica

Mayor receptividad a las sugerencias La principal distinción entre la hipnosis blanca y la oscura radica en la intención del hipnotizador: la hipnosis oscura tiene como objetivo explotar a su sujeto para obtener beneficios egoístas en lugar de ayudarlo a mejorar a través de sugerencias positivas desde dentro de la hipnosis.

La hipnosis blanca tiene como objetivo aliviar estados de conciencia traumáticos o dañinos ayudando a los hipnóticos a salir de ellos de forma rápida y exitosa. La hipnoterapia a menudo se considera la forma principal de hipnosis blanca, a menudo denominada hipnosis terapéutica.

hipnoterapia
La hipnoterapia es una forma de inducción hipnótica blanca utilizada por los médicos con fines terapéuticos. El objetivo principal es ayudar a sanar traumas psicológicos, emocionales e incluso físicos.

La hipnoterapia se puede utilizar como un método eficaz para aliviar el dolor al ayudar al paciente a distanciarse de la fuente de su malestar, disminuyendo así la sensibilidad a ese dolor.

Datos sobre la hipnosis: la hipnosis es voluntaria Los niños voluntariosos son más susceptibles al hipnotismo QUE los adultos

El 15% de las personas son susceptibles al hipnotismo.

Sólo en raras ocasiones se puede hipnotizar al 10 por ciento de las personas.

Las personas propensas a fantasear son más vulnerables a verse arrastradas a una inducción hipnótica oscura. Además, esto podría tener consecuencias adversas.

Ha habido muchas víctimas de la inducción hipnótica oscura. Las causas comunes incluyen:

Hipnotizado tan profundamente que voluntariamente entregas tus posesiones a un hipnotizador.

¿Está siendo hipnotizado para que abra la puerta voluntariamente a los ladrones?

¿Está siendo hipnotizado y sigue voluntariamente a los secuestradores hasta su guarida? Si ese es tu caso, ser hipnotizado para que los sigas hasta su guarida probablemente te llevará a secuestro y abuso de algún tipo.

Comprender la manipulación ha sido durante mucho tiempo parte de la vida; No debería sorprendernos que la persuasión se haya practicado durante mucho tiempo como una habilidad. Reconocer cuál es su verdadera esencia es fundamental si se quiere afrontar eficazmente su impacto.

En este capítulo, revisaremos brevemente la psicología de la manipulación para comprender mejor dónde puede existir en nuestras vidas y quién podría intentar explotarnos. También puede ayudar a identificar a aquellos que intentan influir en nosotros sin que nos demos cuenta; por ejemplo, un jefe podría alentar a sus empleados a actuar de manera contraria a su personalidad y comportamiento normales; Aprender cómo el comercio utiliza técnicas sutiles de persuasión le ayudará a combatir su poder omnipresente.

Nuestra sociedad nos anima a vernos a nosotros mismos como individuos independientes capaces de tomar decisiones racionales; sin embargo, cuando se trata de decisiones de vida no siempre tenemos el control total. Los niños a menudo pueden estar fuertemente influenciados por sus padres y carecer de control sobre el proceso mediante el cual fueron criados. Una vez dentro del sistema educativo, somos aún más manipulados. Los profesores nos enseñan todo sobre las normas sociales y las expectativas de la sociedad; Más tarde, cuando somos adultos, nos sentimos atraídos por los políticos que buscan votos. Muchos se sienten persuadidos a votar por ciertos partidos por lo que prometen para el futuro, incluso si no creen en sus políticas. Esto les da a los políticos un poder que puede afectar nuestras vidas directamente; ¿Tenemos realmente el control o simplemente estamos sujetos a la manipulación por parte de quienes tienen hábiles técnicas de persuasión?
Más adelante en este libro, cubriremos cómo abordar varios métodos de manipulación, tanto abiertos como encubiertos. En primer lugar, debes aprender a reconocer cuándo estás siendo manipulado para poder contrarrestarlo; Para ello también examinaremos lo que dicen los expertos sobre este tipo de comportamiento que existe entre nosotros.
¿Se siente manipulado?

¿De qué tipo de cosas debemos tener cuidado en nuestra vida diaria?

Lenguaje persuasivo Aunque las imágenes dicen más que mil palabras, las palabras pueden ser mucho más efectivas cuando se usan para motivar, animar y persuadir. Sólo piense en todas esas ocasiones en las que se sintió inspirado por un orador carismático cuyos atrevidos discursos lo inspiraron y motivaron a la acción; ¡O cuando

nos perdimos por completo en un gran libro cuyas palabras cuentan una historia diferente! El lenguaje puede ser una fuerza extremadamente poderosa cuando se usa eficazmente para convencer a otros de algo; La comunicación es un activo increíble cuando se intenta cambiar el comportamiento de las personas o hacer que las personas cambien de opinión sobre algo.
Teorías de la manipulación psicológica 1 Cognitiva

Los procesos psicológicos y las teorías que rodean la persuasión son bien conocidos; Una de esas teorías desarrollada por Anthony Greenwald en 1968 es el modelo de respuesta cognitiva. Aunque se crearon hace más de 40 años, sus principios siguen siendo relevantes hoy en día y se utilizan ampliamente en la publicidad y otras formas de persuasión.

Greenwald sugirió que: Lo que realmente determina el éxito de la persuasión no son las palabras sino las emociones del receptor, su monólogo interno y si ve o no el mensaje con pensamientos (cogniciones) favorables o desfavorables. Este proceso no necesariamente implica aprender material nuevo, pero está determinado por si alguien ya lo ve de tal manera que le resulte más o menos fácil influir.

Los persuasores deben confiar en su habilidad como persuasores para superar cualquier contraargumento que surja en contra de sus esfuerzos de persuasión. Deben evitar que su objetivo tenga tiempo suficiente para elaborar sus propios contraargumentos y deben fomentar que los argumentos positivos pasen a primer plano, dando al "efecto persuasión" una mayor probabilidad de éxito.

La persuasión se vuelve más desafiante si se ha advertido al objetivo previsto qué esperar, dándole tiempo para preparar sus propios argumentos contra lo que puede parecerle contrario a la intuición. Richard E. Petty realizó una investigación que demostró la importancia de la advertencia previa en 1977: los estudiantes a los que se les notificaba ciertos eventos tenían menos probabilidades de quedar convencidos que aquellos sin notificación previa.

Reciprocidad
La regla de reciprocidad proporciona otra explicación intrigante para nuestra susceptibilidad a la persuasión: se basa en convenciones sociales: si alguien te hace un favor o te proporciona algo bueno, es más probable que te sientas obligado a devolver el favor de una forma u otra.

Inconscientemente, puede ocurrir la Regla de la Reciprocidad. Sin siquiera darte cuenta, puedes aceptar realizar una acción o un favor para alguien porque en algún momento ha hecho algo bueno por ti, incluso si esta solicitud normalmente quedaría fuera de tu ámbito de competencia. Sentirse obligado podría incluso tener sus beneficios;

Las empresas que utilizan técnicas de ventas suelen emplear esta táctica para generar más ventas. Las empresas ofrecen muestras gratuitas o pruebas por tiempo limitado con la esperanza de que los clientes se sientan obligados a devolver el favor comprando su producto o continuando con el acuerdo.

La reciprocidad es un proceso psicológico establecido y un comportamiento adaptativo, que aumenta nuestras posibilidades de supervivencia a lo largo de la historia. Ayudar a otros puede aumentar sus posibilidades de recibir ayuda a cambio, pero la reciprocidad puede tener efectos secundarios indeseables; por ejemplo, si alguien te hace daño, la reciprocidad podría provocar respuestas de venganza contra esa persona.

La investigación académica respalda la regla de reciprocidad. Burger et al (2009) descubrieron que era más probable que los participantes aceptaran las solicitudes de alguien que les había hecho un favor en el pasado.

Manipulación de información Paso 3

El engaño es una de las principales estrategias empleadas por los manipuladores. Esta estrategia implica ofrecer información limitada y confusa a las víctimas para cambiar sus patrones de pensamiento, dejándolas más susceptibles. El engaño también puede implicar el empleo de lenguaje corporal intencional para persuadir y manipular a alguien.
McCornack et al. (1992) realizaron un estudio que destacó varias formas en que los mensajes podrían falsificarse para ayudar en los procesos de manipulación. La teoría de McCornack se basa en cuatro máximas que rigen las declaraciones veraces; cualquier incumplimiento convertirá ese mensaje en un engaño intencional. Incluyen: Información sobre cantidad "cantidad" se refiere a cuánto se entrega. La mayoría de nosotros nos esforzamos por proporcionar suficientes datos para que el receptor comprenda nuestro mensaje; ni muy pocos ni demasiados pueden causar confusión. Pero los manipuladores pueden jugar con esa cantidad reteniendo ciertas piezas que consideran irrelevantes para su argumento o reteniendo información que creen que lo socavará; esta práctica se conoce como "mentir por omisión".

La calidad se refiere a la exactitud de la información entregada. La comunicación veraz es de Alta Calidad, mientras que cuando violamos este principio, el receptor escucha mentiras intencionales que le dan al manipulador poder sobre los demás.

Relevancia Aquí nos referimos a la "relevancia" de la información relacionada con nuestro mensaje. Para desviar una pregunta incómoda o eludir una discusión incómoda, los manipuladores a menudo cambian de tema para su propio beneficio, ya sea para ocultar sus debilidades internas o para enfatizar demasiado algo que les dará más poder sobre su oyente.

Forma de entrega Una presentación está determinada por cómo se "entrega". El lenguaje corporal juega un papel integral en esto. Mientras escuchamos, las inflexiones y expresiones faciales pueden revelar de dónde viene un mensaje; los manipuladores pueden exagerar estas características para engañar sutilmente a los oyentes haciéndoles creer que su mensaje enfatiza su agenda.

Manipular o persuadir deliberadamente a otros mediante el engaño no es una táctica nueva; sin embargo, su uso se ha vuelto particularmente potente en la sociedad actual. La comunicación en línea y en las redes sociales no siempre implica encuentros cara a cara, lo que facilita que los manipuladores difundan mentiras o exageren información. Los manipuladores podrían prosperar utilizando tales formas de comunicación.

4 Empujón No toda manipulación es dañina; A veces necesitamos ayuda para tomar decisiones que nos beneficiarán a largo plazo. Para lograr este objetivo, la teoría del empujón puede resultar especialmente útil: ampliar el refuerzo positivo dando suaves empujones en pequeñas dosis mediante varios "empujones".

Los estudios de Skinner, o el conductismo, ilustran cuán útil puede ser esta teoría. Al ofrecer refuerzo positivo en forma de recompensas por el comportamiento deseado, esta teoría puede empujar a las personas en la dirección deseada.

Aquí se puede ver un ejemplo de "empujón". Aunque agregar artículos de alto precio puede parecer contraproducente, los resultados en realidad aumentaron las ventas del segundo artículo de mayor precio, dando a los clientes un impulso para comprarlo, todo en beneficio de los restauranteros y sus resultados.

Richard Thaler es ampliamente considerado el "padre" de la teoría del empujón y recibió el Premio Nobel de Ciencias Económicas por su importante contribución a la economía del comportamiento. La teoría del empujón proporciona refuerzo positivo o "empujones".

La teoría del empujón puede ser una teoría económica extremadamente eficaz; sin embargo, su aplicación se extiende mucho más allá de la economía para fomentar cambios de comportamiento e influir en las elecciones personales, así como alterar de esa manera las normas sociales aceptadas.

El empujón ha demostrado ser tan exitoso que en 2010, el gobierno británico
estableció un Equipo Departamental de Perspectivas del Comportamiento dedicado al
desarrollo de políticas, comúnmente conocido como Unidad Empujón.
Los "empujones" pueden tener ventajas obvias para la sociedad en su conjunto, pero
el uso de tales técnicas psicológicas para influir en las personas puede violar las
libertades civiles individuales.

5. Manipulación social
También conocida como manipulación psicológica, la manipulación social puede ser
utilizada por políticos y otras personas poderosas para beneficio personal. En su peor
forma, sirve como una forma de control social al quitarles los derechos individuales a
los individuos para obligar a la población a aceptar lo que se les ha dado; pero la
manipulación social puede usarse positivamente cuando se utiliza para mejorar la salud
personal o cuestiones de bienestar.

Los manipuladores sociales emplean técnicas de distracción para desviar la atención
de cuestiones importantes. Es de suponer que sus propuestas beneficiarían a todos,
incluida su familia y su futuro; cualquier opinión diferente sería errónea y egoísta: este
tipo de persuasión trata a las personas como a niños; este sistema intenta convencer a
la multitud de que todo lo que salió mal era su responsabilidad, así que escuche
atentamente cuando se le presenten consejos de expertos para encontrar una solución.

Semejante estrategia política plantearía una cuestión social y ocultaría otra, con el fin
de generar malestar social y pánico entre la población y lograr los cambios que exigen.
Un ejemplo de ello podría ser cuando un departamento quiere ocultar los problemas
de atención médica reduciendo el presupuesto para la prevención del delito y, por lo
tanto, aumentando exponencialmente las estadísticas de delincuencia; La información
será luego retroalimentada sobre soluciones a los problemas del crimen por parte de
los políticos, difundiendo sus verdades y hechos que pueden no siempre ser exactos
(es decir, mal uso de las estadísticas).
La manipulación social podría tardar años en manifestarse el resultado deseado.

La manipulación psicológica es un componente integral de la influencia social. El
profesor Preston Ni de Estudios de Comunicación publicó un artículo en Psychology
Today que describe esta técnica en la que una parte reconoce la debilidad de la otra
antes de proponerse deliberadamente causar un desequilibrio de poder para explotar a
las víctimas para beneficio personal.

¿Esto nos convierte a todos en marionetas sociales? En parte. La mayoría de nosotros cumplimos y nos ajustamos a las expectativas para evitar la anarquía dentro de la sociedad.

Piensa por un segundo qué producto o dispositivo te gustaría comprar: ¿te lo sugirió un amigo o ya tienes uno? Lo más probable es que sea algo que otra persona ya posee o que usted vio anunciado en línea, lo que hace que lo desee aún más. Esta es sólo otra forma de manipulación social; podemos ser persuadidos fácilmente si bajamos la guardia; Si eso es bueno o malo, es decisión de cada individuo.

La manipulación social no siempre es mala. Cuando se utiliza correctamente, la manipulación social puede beneficiar a la sociedad en su conjunto. Por ejemplo, los esfuerzos de los especialistas de la salud para convencernos de consumir más frutas y verduras a través de campañas como las "Campañas 5 al día", o incluso campañas contra el tabaquismo que han reducido el número de fumadores, lo que ha resultado en menores riesgos relacionados con enfermedades, son ejemplos de coerción exitosa. tácticas en su máxima expresión.

Gaslighting: la forma más cruel de manipulación
Principios como saber que estás recibiendo información falsa llevan a que eventualmente se acepte como verdad.

El gaslighting es una forma de manipulación poco ética; Los encendedores de gas hacen que sus víctimas duden de sí mismas y pierdan toda confianza en sí mismas, lo que en última instancia las lleva a cuestionarse más a sí mismas. Esto conduce a un sufrimiento inmenso a medida que su autoestima se erosiona. El gaslighting tiene como objetivo desestabilizar a su objetivo, creando estragos psicológicos en él. Los manipuladores menospreciarán constantemente a su objetivo contradiciéndolo o convenciéndolo de que siempre está equivocado; a veces llevándolos por este camino hasta ser acusados incluso de inventar mentiras sobre sí mismos. Por eso las víctimas pierden toda confianza en sí mismas; una vez que esto ocurre, son completamente controlados por una persona influyente dominante (es un ejemplo de abuso mental que se encuentra comúnmente en las relaciones personales abusivas) con intentos constantes de hacer que su víctima dude de sí misma y cuestione todo lo que recuerda haber dicho o hecho en interacciones pasadas con esa persona. hombre de influencia. Con el tiempo, incluso los propios recuerdos se ven cuestionados por estas técnicas utilizadas contra su víctima, haciéndola cuestionar incluso lo que ya se ha dicho y hecho en interacciones pasadas con ese influencer.

El gaslighting requiere tiempo antes de que sea completamente efectivo; su perpetrador desgastará gradualmente a su víctima, hasta llevarla finalmente a dudar de su propia cordura y a preguntarse si se estaba produciendo una manipulación.

El Dr. George Simon PhD es un psicólogo clínico de una universidad de Texas que ha estudiado a personas con personalidades problemáticas. Los resultados de sus estudios lo llevaron a la creencia de que ciertas personalidades, particularmente los psicópatas, son adeptos a la manipulación; distorsionar los hechos y utilizar un lenguaje agresivo para sembrar dudas en las mentes de sus víctimas y hacerlas dudar de sí mismas y, en última instancia, creer que el manipulador tiene razón; en última instancia, convirtiéndose en objetivos vulnerables bajo su control.

El gaslighting tampoco se limita a los individuos; también ha sido utilizado por entidades políticas. Maureen Dowd es una de esas autoras y columnistas que utiliza esta táctica.
Afirmó que la administración de Hillary Clinton utilizó técnicas de iluminación con gas contra un oponente; estas técnicas frecuentemente incitaban a Newt Gingrich, del partido político contrario, a parecer histérico. Los periodistas y psicólogos también creen que Donald Trump utilizó tales métodos tanto durante su campaña presidencial como mientras estuvo en el cargo. Por ejemplo, notan con qué frecuencia dice algo antes de retractarse o incluso negar haberlo dicho; que clasifican como técnicas clásicas de iluminación con gas.
Tu pareja te engaña y manipula

Examinemos algunos ejemplos de manipulación que han surgido en las relaciones personales, ¿tal vez puedas reconocer algunas de estas características dentro de ti mismo?

Los manipuladores tienden a obsesionarse con el control; cuanto más poder poseen, más profundamente penetran sus dientes en la víctima.

Violarán los límites personales de otras personas mediante actos como fisgonear y espiar o emprender acciones abiertas y audaces. Para permitirles hacer esto, no se permitirá que tenga en su posesión nada personal, como teléfonos o computadoras; incluso pueden robarle sus contraseñas sin que usted lo sepa. Mientras tanto, protegen ferozmente sus propios límites si su espacio personal se ve comprometido de alguna manera.

Pueden ocurrir acciones contundentes, como impedirle ver a ciertos amigos, cuando alguien se niega a compartir lo que le pertenece únicamente a ellos, como impedirle visitar su propio círculo social. Al principio dejarán claro su disgusto por estos conocidos, aunque en el fondo los ven como amenazas potenciales; los celos siguen su curso y pueden incluso volverse agresivos.

Si toma decisiones sin consultarles primero, no estarán satisfechos. ¡No quieren que ejerzas el libre albedrío o, de lo contrario, algún día puede que los dejes!

El control puede venir en forma de consejo; sin embargo, no tienes muchas opciones para aceptarlo. Le están instruyendo sobre qué hacer y cómo actuar.
Los socios manipuladores tienden a querer un conocimiento profundo de su horario diario y cualquier desviación del mismo probablemente les llevará a investigarlo más a fondo. Si surge algo que los tome por sorpresa, seguramente lo cuestionarán e interrogarán.

Tenga en cuenta que a menudo critican todo lo que usted dice en público y menosprecian sus opiniones y pensamientos como una forma de afirmar su poder sobre usted.

Estas personas no sólo se apresuran a criticarte, sino que a menudo hacen un esfuerzo adicional: te acusan de mentir o de tener mala memoria; ¡A veces incluso tengo el descaro de llamarte manipulador!

Los manipuladores controladores nunca pueden estar satisfechos; cuando crees que has alcanzado esa meta, la mueven una vez más, dejándote sin saber exactamente dónde se encuentra tu relación.

¿Está involucrado en una relación abusiva? Sin lugar a dudas, las relaciones con los manipuladores probablemente serán infelices. Los manipuladores tienden a ser impredecibles y de repente pueden volverse violentos cuando se violan sus reglas.

Romper una relación abusiva nunca es fácil, pero existen recursos que pueden ayudar. Una vez que sea seguro hacerlo, busque en línea organizaciones locales que apoyen a las víctimas de parejas abusivas. Elimina también tu historial de navegación, ya que nada permanecerá privado para un manipulador. Es estresante al principio, pero se debe buscar la ayuda necesaria de inmediato.
Tus amigos se aprovechan de ti para manipularte y hacer que hagas sus movimientos.

Sin duda, puede ser un desafío formar vínculos en entornos nuevos y, a veces, este proceso puede incluso resultar intimidante u hostil. Sin embargo, cuando esto ocurre, las personas a menudo se sienten como pez fuera del agua: ¡estos sentimientos de alienación nunca deben ignorarse! Todos necesitamos amigos en la vida y aprender a atraerlos debe verse como una habilidad esencial que todas las personas poseen. Los seres humanos son animales sociales por naturaleza y buscan la compañía de los demás; ¡hay muy pocas excepciones a esa regla!

Seleccionar amigos: cree un perfil ideal del tipo de amigos que le gustaría.

Aquí hay tres categorías amplias de amigos:

Hola y Adiós a Mis Conocidos (Amigos).

Las personas que conoces en entornos comunes, como el trabajo, tienden a convertirse en tus amigos casi automáticamente, como cuando te saludan y te despiden cuando quedan para pasar el día; Sin embargo, una vez fuera de este espacio compartido, estos amigos (que en realidad pueden ser sólo conocidos) rara vez permanecen involucrados más allá de estas interacciones; aunque es bueno conocerlos y aprovechar sus habilidades siempre que sea necesario, es posible que no necesariamente cuenten entre tus verdaderos aliados (los griegos creen que las verdaderas amistades sólo se pueden contar con una mano, ¡algo a tener en cuenta!).

Compañeros de bebida, compañeros de golf y compañeros de compras: los amigos para los momentos de diversión van y vienen en la vida. Comparten contigo aquellas cosas que hacen la vida divertida porque ellos mismos la disfrutan, se ríen a menudo y disfrutan pasar tiempo en compañía de los demás. Si bien estos amigos no necesariamente entablan largas conversaciones sobre el significado de la vida o la realidad del cambio climático, estas conexiones sociales laxas que se forman con el tiempo se convierten en compañeros invaluables.
A todo el mundo le gusta divertirse, así que cuando se presenta la oportunidad, todos tienen una experiencia agradable juntos, aunque hay poca profundidad en su relación con usted.

amigos del alma
Estos son tus amigos que llamas por teléfono a las 3:00 a. m., ¡aquellos con los que puedes contar que estarán listos y dispuestos a hablar si perturbas su sueño a las 3 a. m.! ¡Con estas personas a tu lado en un viaje por carretera, no te matarás antes de llegar a la Ruta 66!

Conversaciones largas y significativas, secretos compartidos y apoyo mutuo definen estas amistades. Las personas que permanecen a tu lado, en las buenas y en las malas, son verdaderas almas gemelas; Estas personas te entienden íntimamente mientras tú correspondes su amabilidad del mismo modo. Algunos amigos pueden estar ahí desde el nacimiento hasta la muerte, mientras que otros los conocerás en el camino. Lo que distingue a estas amistades de aquellas que se desvanecen con el tiempo o de los compañeros promedio es la profundidad de su relación. Es difícil encontrar amigos del alma y cuando nos volvemos a encontrar podemos sentir como si no hubiera pasado el tiempo. Continúas donde lo dejaste porque se conocen muy bien; como si el destino hubiera predestinado que estos serían tus amigos. Las almas gemelas reflejan nuestras identidades y lo que es importante en nuestras vidas; Además, están ahí cuando necesitas a alguien porque saben exactamente quiénes somos.

Formar amistades reales lleva tiempo.

Las verdaderas amistades no surgen de la noche a la mañana. Con el tiempo, se forman amistades íntimas y duraderas a través de una química genuina entre los involucrados. Al igual que las relaciones románticas, las verdaderas amistades dependen de este mismo intercambio químico fundamental que habla directamente a ambas partes involucradas, como una canción interior que habla directamente a ambas partes. Sabes cuándo es real porque estos vínculos no se forman por sí solos; más bien, existen realidades preexistentes que reconoces y sobre las cuales actúas. Cuando los verdaderos amigos del alma entren en tu vida por primera vez, su impacto será innegable: ¡sabrás inmediatamente que alguien con quien te conectas instantáneamente está destinado a ellos (además de serlo)!
Los Amigos del Alma pueden jugar un papel invaluable en tu vida hasta su conclusión, ya sea física o espiritual. Sabemos que están ahí, sabiendo que podemos levantar el teléfono y llamarlos en cualquier momento para encontrarlos listos para conversar; ¡Estos amigos realmente hacen que la vida valga la pena! Eso es lo que los hace especiales e increíblemente esenciales.

Aunque es fácil reconocer a nuestras almas amigas a primera vista, el mundo a menudo puede dificultarlo. Sin embargo, una vez formados, los amigos del alma siguen siendo persistentes a pesar de la desconfianza de nuestra cultura: no dejarán de buscarte y no dejarán de intentarlo; Con el tiempo, el vínculo entre ustedes se volverá indestructible y habrán creado un aliado para toda la vida.

Así es como puedes convertirte en un experto en hacer nuevas amistades:

¿Has pensado demasiado?
¿Alguna vez te has sentido incómodo al conocer a alguien y rápidamente te sientes cómodo en su presencia después de solo dos minutos de conocerlo? Recuerde que conocer a una nueva persona no da ninguna pista sobre su carácter o comportamiento; ¿Sería entonces inútil que lo analizaras todo en exceso?

Y nuevamente, suponer que conocer gente nueva te dará miedo solo sirve para que tengas miedo en el momento y puede convertir conocer a alguien nuevo en algo que no te guste o que te disguste por completo. La mayoría de las veces, cuando nos sentimos tímidos hacia las personas, se debe al miedo que nos impide establecer relaciones significativas que duren toda la vida: las malas experiencias con otras personas obstaculizan significativamente este proceso de crecimiento; ¡Por lo tanto, es crucial que nos alejemos de esta ilusión de reuniones aterradoras lo antes posible! Para contrarrestar esta tendencia y garantizar que formemos vínculos significativos, debemos abandonar cualquier presunción acerca de que conocer gente nos hará temer, desconfiar o desagradarnos por completo. Desengáñese de esta noción para estar libre y listo para formar vínculos significativos y duraderos que deberían durar. para toda la vida. Por eso sería mejor que nos desplazáramos de esa ilusión de que encontrarnos con alguien nos hará desconfiar o sucederán encuentros detestables; generalmente nos lleva por esta ruta de sentirnos incómodos o tímidos hacia alguien (o cualquier encuentro que ocurra). La vida nos tiene en silos individuales de aislamiento que nos hacen sospechar, hacer la vida más difícil y tratar de formar conexiones duraderas puede llevar décadas. La solución aquí radica en desengañarse de este mito de que conocer a alguien hará que conocer a alguien o a alguien sea nuevo; en lugar de eso, intente desengañarse de esta noción de que conocer a alguien significará temerle directamente de la idea de que conocer a alguien nuevo significa hacer cualquier cosa. ...

Conocer a extraños puede resultar desalentador, así que deja de pensar demasiado en cómo abordar esa primera conversación; cómo construir conexiones significativas que podrían enriquecer su vida. Pensar demasiado en estas importantes relaciones podría hacer que sigamos siendo personas solitarias y aisladas que nunca se conectan realmente de una manera auténtica o duradera entre sí como se supone que deben hacer los humanos.

¿Quién sabe si la otra parte está nerviosa por conocerte? En estos tiempos de incertidumbre, la mayoría de nosotros desconfiamos unos de otros y nos preguntamos si alguien con quien nos encontramos tiene motivos e intenciones genuinas cuando los encontramos. Lo más probable es que así sea; Se ha perdido la confianza entre las personas.

Relájate y forma en tu mente una imagen positiva de ese primer encuentro; uno que retrata la salud. Desafortunadamente, muchos pueden juzgarte injustamente a primera vista. Todo el mundo lleva consigo suposiciones culturales sobre aquellos que vale la pena conocer. Probablemente tú también lo hagas. La clave para abrirte a los demás y permitir que el universo te conecte es abrirte y permitir que las cosas se desarrollen orgánicamente. ¡Esto funciona de maravilla! Los amigos que vale la pena tener son conscientes de que no es prudente emitir juicios basados únicamente en características superficiales. El miedo reside sólo en nuestras mentes: ¡elimínelo! Deje de lado los prejuicios y los miedos y confíe en su intuición para leer a las personas de forma eficaz. Confía en ti mismo y en tus conocimientos: has aprendido lo suficiente sobre las personas como para reconocer cuándo son honestas o no, leyendo sus gestos, patrones de habla e indicadores no verbales que revelan quiénes son realmente. Confía en ti mismo y confía en ti mismo; No hay nada que temer; ¡No hay necesidad de sospechar ni dudar!

Ahora estás más que preparado para lanzarte de cabeza a las interacciones sociales y encontrar personas con ideas afines como amigos. Las habilidades recién adquiridas al practicar la psicología social deberían simplificar mucho la búsqueda.
Establece muy rápidamente quién es malo y quién es bueno. Aunque es posible que el lobo feroz todavía exista, te has convertido en un individuo competente y capaz con conciencia social; Ya no eres vulnerable a dejarte engañar por alguien que te engañe. Tu nuevo conocimiento te facilita discernir quiénes de aquellos que conozcas podrían convertirse en tus verdaderos amigos; No más conjeturas aquí, ¡ahora que entiendes los entresijos!

Muévete a tu propio ritmo
Si ha estado fuera del contacto social durante un período prolongado, conocer gente nueva puede resultar desalentador al volver a iniciarlo (por ejemplo, en un seminario o una fiesta). Tómalo a tu propio ritmo. Sin embargo, puedes evitar ese dilema buscando amigos o conocidos que sepas que estarán presentes en un próximo evento y reuniéndote con ellos antes de asistir; esto te tranquilizará cuando vuelvas a entrar en situaciones sociales. Para cuando llegue a un evento, su ansiedad debería haber disminuido significativamente. Saber que alguien estará presente puede presentarle a otras personas, mientras que sus amigos probablemente sentirán cualquier tensión que usted sienta y estarán allí para brindarle apoyo; nunca dude en pedir ayuda a alguien que conoce; ¡Para eso están los amigos! Como hemos descubierto a lo largo de este libro, ¡proporcionan un apoyo invaluable!

¿Buscas restablecer una vida social después de haber estado aislado? Aquí hay algunas soluciones efectivas para facilitar la transición:

Empiece por comunicarse con conocidos: hola, adiós, es un primer paso fácil que implica un riesgo mínimo.

Expande tu círculo social para incluir pequeños grupos de amigos que ya tienes; simplemente observar cómo se relacionan las personas; volver a adquirir el hábito de estar rodeado de personas en grupos sin que resulte intimidante o intimidante. No es necesario que sea intimidante; tomar las cosas con calma.

Amplíe su círculo social uniéndose a sus amigos en las reuniones a las que asisten con gente nueva. Cuando sepan que quieres volver a llevar una vida social activa, ¡la mayoría estará encantada de ayudarte!

Sal de tu zona de confort y acepta invitaciones para socializar con personas fuera de tu círculo habitual de conocidos. Dicen que la fruta más dulce está en el borde, ¡así que sal! Disfrute de nuevas experiencias con gente nueva mientras aprende más sobre usted y los demás. ¿Por qué la gente no debería querer conocer a alguien tan fascinante e inteligente como usted?

¡Sea proactivo en la socialización! Adopte un enfoque activo para conocer gente nueva.

Una vez que se sienta cómodo reanudando el contacto social y ya no se sienta aislado de los demás, puede buscar de forma proactiva a personas que ya conoce, así como a personas recién llegadas. Los amigos y conocidos proporcionan la base de la conexión social, pero debes expandirte más hacia áreas que pueden resultar desconocidas, como por ejemplo:

Únase a un grupo que comparta sus pasatiempos y otros intereses.

Regístrese para participar en talleres o tomar cursos de estudio que le resulten atractivos, como talleres o cursos de estudio que compartan un interés. Le resultará fácil hacer amigos en grupos donde todos los miembros comparten objetivos comunes.

Sea voluntario y disfrutará sirviendo mientras hace nuevos amigos en el proceso. No solo eso, sino que el voluntariado proporciona la manera perfecta de desarrollar habilidades y aptitudes que quizás esperabas mejorar. Al igual que los talleres o grupos, compartir un interés proporciona un punto de unión común entre los miembros del grupo de voluntarios, ¡y el voluntariado no es diferente!
Acepte invitaciones a fiestas de cumpleaños, funciones sociales y otras reuniones donde puedan reunirse las personas con las que desea conectarse. Rompe cualquier barrera que pueda impedir que las personas que deseas conocer se presenten.

Asiste a eventos sociales y "reuniones" con personas que comparten intereses similares. Además, salir a bares con regularidad puede ayudar; hay gente en todas partes que simplemente busca a alguien interesante con quien hablar; ¡Quizás, como tú, también quieran una salida al aislamiento o al estancamiento social! Usted es el único responsable de ampliar sus horizontes; nadie más los ampliará por usted.

Únase a comunidades en línea; pueden ser virtuales, pero sé por experiencia personal que pueden generar amistades en el mundo real. Por ejemplo, he conocido a muchos amigos del mundo real a través de Facebook y otras comunidades en línea; a veces, compartir sus pensamientos por escrito hace que la comunicación sea más fácil que verbalmente; ¡Esto podría ayudar a fomentar conexiones duraderas que duren más allá de una reunión inicial! Además, ¡puedes analizar el estilo de escritura de nuevos amigos potenciales antes de conocerlos!

Tomar la iniciativa
No es necesario esperar a que la gente se le acerque; después de todo, es posible que sean tan reservados como usted. Nadie nace conociendo a nadie excepto a la familia; Incluso entonces, conocer gente a menudo puede ser un éxito o un fracaso. Simplemente acércate a las personas usando preguntas simples como "¿cómo estás?" y "¿de dónde eres?". ¡Estar abierto hacia quienes te rodean marcará una diferencia increíble en la facilidad con la que la gente se abrirá contigo!

Recuerde que está tratando de romper el hielo entre usted y un extraño, así que no hable demasiado. Sea amigable pero no intrusivo y no se frustre si los demás no responden de inmediato; póngase en su lugar siempre que sea posible.
Utilice las lecciones de este libro para evaluar su situación y encuéntrelas allí. Sea amable al juzgar a los demás: ¡todos juzgan a los demás en algún momento! Tómese el tiempo para compromisos entre personas en los que ambos participantes esperan una revelación mutua.

Rechace cualquier tentación de juzgar.

Nadie es perfecto, y eso te incluye a ti. La naturaleza humana nos lleva a evaluar a las personas con bastante dureza antes de conocerlas, lo que surge de nuestro instinto de supervivencia y nos dice que evitemos a aquellos que potencialmente podrían causarnos peligro. Pero la gente moderna tiene herramientas más efectivas a su disposición, incluidas habilidades de lenguaje no verbal que les permiten identificar a las personas que no coinciden con lo que desean en un compañero.

Permanecer abierto a quienes nos encontramos es la puerta de entrada a amistades más profundas, ya que nos ayuda a aceptar mejor los estilos, apariencias o actitudes de los demás. No rechazar a las personas por pequeñas peculiaridades es clave para aceptar mejor a quién puede entrar en nuestro círculo. ¡Ese es el secreto! A veces, la persona más improbable se convierte con el tiempo en nuestro mejor amigo. Todo el mundo busca la amistad pero deberíamos preguntarnos constantemente si cumplimos con nuestros propios criterios antes de seleccionar amigos con quienes pasar la vida. Como he dicho repetidamente a lo largo de este libro, conocerse a sí mismo es clave para conocer a los demás. ¡No pase por alto abordar sus propios desafíos antes de descartar a amigos potenciales debido a los de ellos!

Los humanos somos seres emocionales con poca consideración por la lógica o la racionalidad, lo que les lleva a tomar decisiones más basadas en las emociones que en la lógica y las facultades de razonamiento. Esto se refleja en los informes de los medios; a menudo retrata o informa incidentes con sesgos emocionales que podrían provocar respuestas similares de las audiencias cuando se les transmiten.

Un elemento importante para comprender cómo responden las personas a la persuasión reside en las emociones. Las emociones proporcionan abundante energía que nos permite completar cualquier tarea que tengamos entre manos; incluso las ventas están determinadas por los estímulos emocionales generados durante las presentaciones; no importa cuán lógicas puedas presentar las cosas; En última instancia, el cliente potencial debe comprar su producto debido a las respuestas que generó durante esas conversaciones.

Por otro lado, la lógica se basa en hechos y cifras; esa es la lógica y el razonamiento detrás de cualquier cuestión que nos ocupa. Desafortunadamente para los vendedores que se basan únicamente en la lógica cuando venden productos y servicios; Si su filosofía depende más de las emociones, las ventas se producirán con mayor facilidad y éxito.

¿Crees que los humanos somos seres racionales? ¿En base a lo que dicta la lógica se forman las decisiones y opiniones? ¿Los humanos reaccionan de manera diferente dependiendo de los hechos que se presentan constantemente? Todas estas son preguntas esenciales para que una persona inquisitiva pueda comprender cómo interactúan las emociones y la lógica, influyendo positivamente en otros seres humanos.
Su capacidad para transmitir información lógica emocionalmente provocará más respuestas en su audiencia que simplemente transmitir hechos y lógica sin resonancia emocional, lo que inevitablemente no resultará en respuestas positivas de los oyentes.
La razón persuade a los hombres, mientras que la emoción motiva a alguien a tomar medidas decisivas que producen grandes resultados.

Veamos algunas formas en que puedes influir en los demás a través de una combinación de emociones y lógica, como por ejemplo:

Establecer una identidad común con los demás

Un método para controlar a las personas es establecer una buena relación y encontrar puntos en común con ellas tanto como sea posible. Un modismo popular dice: "Se necesitan dos personas para enredarse", por lo que para influir en alguien, ambas partes involucradas deben compartir objetivos, experiencias e ideas similares; de esta manera resulta mucho más fácil. Los puntos comunes en las asociaciones o relaciones tienden a ser más fáciles cuando las personas comparten identidades similares en lugar de que las culturas sean una capa adicional. Cuando creamos similitudes de carácter, nos unimos a través de metas y objetivos compartidos, el apoyo emocional mutuo, la lógica de creencias compartidas, la visión colectiva compartida, la misión se convierte en realidad.

Explorando profundamente el sistema de creencias de su pareja

Uno no puede tener una relación profunda o mutuamente satisfactoria con alguien a quien no comprende completamente en términos de rasgos de personalidad y otras tendencias psicológicas necesarias. Sin embargo, al estudiar profundamente su sistema de creencias, podrá comprenderlos mejor e influir gradualmente en ellos para su beneficio.

Buscando formas de reconocer sus prejuicios

Influir en alguien con creencias diferentes suele ser difícil, sin importar la calidad de su lógica. En su lugar, busque estrategias efectivas para apelar a sus prejuicios jugando la carta del prejuicio de manera efectiva. ¿Cómo puedes hacer esto? Involucrándolo directamente en estos asuntos.
Atraer a alguien requiere descubrir sus ideas y puntos preferidos y luego presentarlos. Con este enfoque, su objetivo se sentirá relajado a su alrededor y es más probable que le dé acceso a su vida privada.

Evite luchar o huir en sus discusiones

Influir en las personas usando la lógica y las emociones funciona mejor cuando las reuniones y discusiones se llevan a cabo sin casos de comportamiento de lucha o huida, como conflictos y malentendidos en las relaciones que conducen a huidas o peleas. En esos momentos, la racionalidad se malinterpreta, los objetivos quedan incumplidos y los argumentos no pueden avanzar en una atmósfera de lucha o huida.

El objetivo de un manipulador experto es formar una relación poco saludable a largo plazo con su objetivo y mantener un control total sobre él, lo que sólo los beneficiará a ellos mismos. Una asociación eficaz requiere igual apoyo entre sus participantes. Si una pareja siempre parece ofrecer más, eso podría ser una señal reveladora de que es posible que su cónyuge no esté siendo honesto acerca de sus intenciones en su relación. La manipulación psicológica ocurre cuando una de las partes intenta crear un desequilibrio de poder con el objetivo de aprovecharse de otra persona. La manipulación puede manifestarse de varias maneras, pero un hilo común entre todas ellas es que un individuo, el manipulador, se beneficiará mientras que otro individuo, generalmente conocido como la víctima, no resultará perjudicado. Algunas personas se involucran en relaciones sin darse cuenta de que han entrado en relaciones tóxicas. A primera vista, su asociación puede parecer inofensiva, sin ningún indicio de que les aguarden estrés y complicaciones posteriores al tratar con el manipulador. Los métodos de coerción como este permiten a los manipuladores alcanzar y tomar el control de su objetivo sin conocerlo personalmente. Naturalmente, las relaciones no comenzarían con drama o tácticas de agotamiento de la autonomía de un manipulador; cuando comenzar su objetivo los vería ir en una dirección completamente diferente; Con el tiempo, este tipo de enfoque puede volverse efectivo a medida que pasa el tiempo.

Es probable que los comportamientos iniciales de búsqueda de atención no les causen ningún problema; sin embargo, cuando su objetivo se vuelve profundamente personal e importante para ambos, esto podría plantear algunos obstáculos para el progreso. En este punto, el manipulador comienza a alterar estrategias. Este cambio no se producirá de la noche a la mañana, sino que puede llevar varias semanas para alcanzar sus objetivos a tiempo. En esta etapa, su atención puede haberse centrado tanto en mantener y fortalecer el matrimonio que cualquier problema o abuso se pasa por alto más fácilmente que antes.

Evidentemente, hay ciertos indicadores que apuntan a que alguien es un manipulador en tu relación. Es aconsejable verificar estas señales si sospecha que alguien en su matrimonio puede ser venenoso y causar problemas o potencialmente ser utilizado por fuerzas externas como influenciador o manipulador:

Los manipuladores lo alentarán a salir de su zona de confort de varias maneras, utilizando la presión social, la fuerza física y la manipulación psicológica como armas para desviar los intereses de lo que deberían perseguir. Ellos se convierten en quienes tienen el control y se aseguran de que sus intereses no coincidan con los de los demás. Ellos se convierten en quienes tienen poder sobre ti a lo largo de este viaje.

Tan pronto como su confianza comienza a decaer, la manipulación se vuelve más fácil para cualquiera que intente aprovecharse de usted. Rápidamente nos quitan la confianza a medida que los manipuladores se aprovechan de ella haciéndonos sentir menos que buenos y haciendo uso de nuestras debilidades para beneficio personal.

Tratamiento secreto. En esta técnica, uno toma cualquier pequeño desaire de su manipulador y lo magnifica para crear una situación desagradable para sí mismo y amenazar su objetivo. Utilizamos un tratamiento silencioso al proporcionar alertas por correo electrónico, notificaciones de correo de voz, mensajes de texto y correos electrónicos hasta que finalmente lo finalizamos cuando es necesario. Lograr mantener todo bajo control sabiendo cuándo ha terminado el tratamiento de silencio sólo puede traer más problemas para ellos y para todos los involucrados.

Viaje del remordimiento. A nadie le gusta sentirse responsable, por eso, cuando sentimos culpa, intentamos con todas nuestras fuerzas aliviarla lo más rápido posible. Un manipulador lo sabe bien y utilizará todas las excusas que pueda encontrar para explicar sus acciones.
Los matrimonios no saludables a menudo quedan atrapados en conflictos no resueltos que siguen sin resolverse por diversas razones, sin que se produzca contacto entre los socios y sin intención del manipulador de resolver los conflictos intencionalmente. Si esa es su situación, probablemente sería más fácil y mejor si fingiese pensando que el diálogo comenzó o terminó en lugar de trabajar juntos en colaboración para resolver este problema.

Ahora podemos apreciar que este enfoque del matrimonio no es ideal. Nadie quiere sentirse atrapado en una relación en la que otro individuo siempre parece tener el control de nuestras vidas y toma decisiones por nosotros, en lugar de que nuestras vidas sean administradas independientemente por nosotros mismos. Entonces sin aprovecharnos al máximo, debemos buscar a alguien que apoye esta estrategia sin que nosotros nos aprovechemos. Sin embargo, antes de avanzar demasiado rápido, primero debemos responder algunas preguntas clave para determinar si nuestro cónyuge puede ser realmente manipulador. Tan pronto como hayamos leído esta guía, tendrás una mejor idea de si tu amistad es coercitiva o no. Algunas medidas que puedes tomar para protegerte son reconocer tus derechos si ocurre una de estas asociaciones. A medida que las amistades pueden desarrollarse con el tiempo, puede resultar difícil recordar cómo defenderse cuando un manipulador ha ignorado sus necesidades. Nunca debes olvidar que tus derechos fundamentales siempre deben defenderse y respetarse. Hay diversas libertades a tu disposición, como respetar a los demás, expresar opiniones y deseos libremente, fijarte metas personales sin dejarte influenciar por otro y decir no a los demás. Además, tener opiniones diferentes a las de alguien puede garantizar la seguridad psicológica, mental y emocional y permite vivir una vida plena independiente de otro individuo si así lo desea.

A la larga, los manipuladores pueden quitarle estos privilegios. Al mantener controles que permitan una toma de decisiones eficaz y actuar en función de lo que indican, estos beneficios ayudan a mantener los controles. Pero antes de volver a entrar en cualquier situación, recuerda pensar en el futuro. Cuando te enfrentes a uno, sé observador. Toma en serio tus propios consejos cuando hables en contra de una figura de autoridad que quiere que actúes en contra de sus deseos.
Reclama tus libertades, respira hondo cuando hables con un amigo manipulador e inténtalo. Sólo tú eres el dueño de tu vida; así que mantente alejado. Mantenerse alejado es clave cuando se trata de amigos manipuladores: ¡haz lo que sea necesario para mantenerte alejado! Mantenerlos a distancia suele ser la mejor práctica. Si es demasiado tarde, al menos intenta crear algo de espacio entre ambos. Darles otra oportunidad de aprender sobre usted, evaluar sus vulnerabilidades e idear planes para explotar cualquier encuentro futuro con alguien deshonesto solo les dará más oportunidades de aprovecharse de usted y explotar sus planes futuros. Mantenerse alejado de personas deshonestas es la primera y única defensa eficaz. Cuando sienta un incentivo para cambiar, tome el camino opuesto. Tenga en cuenta que los manipuladores intentan hacerle sentir mal, en un intento de ayudarlo a reunirse y utilizarlo nuevamente para su beneficio. Lo mejor para usted sería mantenerse alejado de estas personas; No caigas en su trampa cediendo a sentir lástima de ti mismo o apoyando su causa.

Un aspecto adicional del comportamiento de los manipuladores es explotar sus vulnerabilidades. Una vez que conocen tus vulnerabilidades, él o ella puede explotarlas plenamente en tu contra, haciéndote sentir inadecuado, a menudo castigándote por la confusión causada por ellas, haciendo que sea fácil culparte y, a menudo, castigarte constantemente a medida que el castigo de ellos aumenta. Saben que esto les permitirá mantener el control durante el mayor tiempo posible al cambiar continuamente los objetivos para que nunca se alcancen los estándares establecidos, lo que crea una confusión imperdonable que les permite seguir logrando los destinos previstos.

No permitas que esta manipulación continúe. Buscamos utilizarte y culparte por las deficiencias que pueda haber para que sigas sintiéndote mal y busques su validación para sentirte mejor. Tenga cuidado con las afirmaciones del manipulador de que toda esta culpa es sólo suya; nada de eso es realmente su responsabilidad; Todo se hace simplemente para hacerte sentir peor.

Hacer que la empresa y sus privilegios sean más propensos a ceder, saber por qué y aprender a decir no disminuirá el control del manipulador sobre usted. Saber por qué sí y aprender a decir no son derechos fundamentales que analizamos anteriormente, pero muchos no los expresan todos los días. ¡Saber cuándo es tu momento significa más control para todos los involucrados! Saber cuándo es tu turno requiere algo de aprendizaje si quieres evitar formar parte de su esquema de manipulación. Saber por qué sí significa sí pero aprender a decir no si es necesario. El objetivo de los manipuladores de asociaciones siempre es decir que sí a pesar de la información y las estrategias que usan contigo, si eso los hace sentir cómodos diciendo que sí cuando no es necesario expresar las cosas; se debe ampliar la comprensión de este derecho fundamental, ya que este derecho fundamental puede descuidarse en muchos frentes al hablar. up no se le da suficiente consideración ni se practica todos los días, ya sea a través de técnicas de manipulación o no se comunica completamente a diario cuando es necesario.

Si tememos herir los sentimientos de alguien y nos preocupa que su actitud pueda cambiar si le negamos ayuda, decir sí a menudo puede hacernos llorar: ¡se necesita mucho coraje para decirle sí a otra persona! Desafortunadamente, esto sucede casi con regularidad. Imagínese tratar con un manipulador. Saber cómo imponerse contra ellos puede ser un desafío al principio, pero saber cómo hablar de manera efectiva contra su manipulación le devolverá el poder sobre su situación. No a todos les gustará esa decisión y deberás luchar por mantener tu independencia. Decir "no" sin arrepentirse permitirá llevar un estilo de vida más libre y saludable en general; Estar en relaciones tóxicas nunca debe verse como algo positivo. Asociarse con manipuladores implica entablar una relación que depende de satisfacer sus necesidades, con posibles pérdidas para ambas partes con el tiempo. Desafortunadamente, al ser entrenados para pensar de esta manera, no se dan cuenta de que están entablando tales relaciones hasta que es demasiado tarde. El primer paso para resolver cualquier crisis matrimonial debe ser aprender a detectar signos de engaño, coerción u otras dificultades que puedan estar plagando su relación. Casarse requiere tiempo y coraje, especialmente porque su objetivo principal ha sido durante mucho tiempo desarrollar confianza y autoestima durante tiempos difíciles. Pero cuando todo sale bien y el objetivo finalmente hace realidad su sueño, las recompensas pueden ser sustanciales.
Aprenda cuál es su posición y fortalézcala; entonces podrás ver que la vida cambia sin tener que utilizar una fuente externa para que lo haga por ellos.
Persuasión Cuando las personas intentan entender lo que significa "persuasión", sus respuestas suelen variar mucho. Mientras que algunos pueden dirigir sus pensamientos hacia anuncios o comerciales que alientan a los consumidores a patrocinar ciertos productos o servicios en lugar de otros, otros pueden volverse hacia los políticos que intentan cambiar la opinión de los votantes para ganar un voto extra en las urnas; ambos ejemplos cumplen el propósito. de persuasión. Ambas formas son ejemplos

válidos ya que estos mensajes intentan cambiar la percepción de las personas sobre los temas en discusión.

La persuasión oscura se diferencia de la persuasión normal en que sus motivaciones no siempre benefician a quienes están siendo persuadidos; Los persuasores normales intentan persuadir por el bien de quienes están siendo convencidos, mientras que los persuasores oscuros a menudo buscan motivaciones lucrativas que no siempre son beneficiosas para quienes están siendo persuadidos. Un persuasor oscuro debe obtener pleno conocimiento y comprensión de quien desea influir para identificar qué lo motiva de manera más efectiva antes de involucrarse en cualquier comportamiento de persuasión o persuasión por parte de esa persona antes de continuar con tácticas o tácticas de persuasión, si corresponde.

Aunque la persuasión siempre tiene ramificaciones morales, los persuasores oscuros tienden a no preocuparse demasiado por ellas. Si bien son conscientes de ellos, su atención sigue centrada exclusivamente en alcanzar su(s) objetivo(s).

La persuasión es un fenómeno psicológico cotidiano. Podrías ser tú quien persuada a otra persona o quien te persuada, siendo la motivación la clave. La persuasión desempeña un papel importante tanto en los medios de comunicación como en la política, la publicidad y las decisiones jurídicas; su eficacia está determinada por diversos métodos utilizados para la persuasión que influyen en el tema.
La persuasión se destaca como una forma distinta y esencial de control mental del lavado de cerebro y la hipnosis, ambos requieren el aislamiento del sujeto para alterar sus mentes e identidades; la persuasión no necesita aislamiento como parte de su metodología.

Para lograr los objetivos deseados, se emplea la manipulación contra sujetos individuales; la persuasión también se puede utilizar en un individuo; sin embargo, la manipulación a gran escala podría potencialmente alterar las creencias y decisiones de sociedades enteras o incluso comunidades.

La persuasión puede ser más eficaz para cambiar de opinión que la manipulación directa porque tiene la capacidad de influir en varios individuos a la vez.

Numerosas personas cometen el error de creer que tienen inmunidad contra la persuasión porque creen que siempre podrán ver cada argumento de venta que se les presente y utilizar la lógica para llegar a una conclusión adecuada.

La gente no siempre sucumbirá a todos los argumentos presentados, especialmente si se utiliza la lógica. Además, es posible que la persuasión no arraigue si un argumento no se alinea bien con las creencias de alguien a pesar de lo fuerte que pueda parecer su proponente.

Pero hay personas que saben cómo utilizar mensajes persuasivos para persuadir a otros a comprar nuevos dispositivos o productos en el mercado. Su sutil persuasión a menudo pasa desapercibida para su objetivo, lo que les dificulta formarse opiniones sobre la información que se les proporciona.

Cada vez que se menciona la persuasión, uno tiende a asociarla con asociaciones negativas, como estafadores o vendedores que intentan convencerlo de que cambiar su perspectiva los beneficiará y presiona hasta que este cambio se haya producido.

La persuasión se puede utilizar tanto para el bien como para el mal; la persuasión en las prácticas de ventas y estafa son dos ejemplos, y la persuasión se utiliza en ambos sentidos; por ejemplo, entre organismos internacionales o en campañas de servicio público que utilizan la persuasión como parte de acuerdos diplomáticos y campañas por buenas causas son ejemplos de persuasión oscura utilizada de manera efectiva y con efectos positivos, respectivamente. Todo se reduce a cómo se pone en juego este proceso de persuasión.

Cuando se busca cambiar la opinión de alguien mediante la persuasión, se necesitarán herramientas y estrategias para la implementación exitosa de técnicas de persuasión para tener éxito.

Cada día que pasa presentará a su objetivo diferentes formas de persuasión. El objetivo de los fabricantes de alimentos será convencer a su target de que pruebe sus nuevas recetas o continúe con las antiguas; los estudios pueden anunciar sus últimas películas taquilleras directamente en ellos.

No importa qué producto vendan, su principal objetivo es incrementar las ventas; de ahí sus intentos de persuasión. Si bien no consideran cómo esto le afectará directamente, deben utilizar técnicas de persuasión sutiles para no alertar o molestar a los clientes potenciales. Como también puede haber varias marcas tratando de persuadirlo, cada una debe encontrar su propia manera de convencer a sus espectadores de su perspectiva.

Debido al amplio efecto de la persuasión, sus técnicas han sido estudiadas desde la antigüedad. La influencia es un activo invaluable que cualquier persona puede aprovechar en muchas circunstancias y culturas diferentes.

A partir de principios del siglo XX, los estudios formales sobre técnicas de persuasión comenzaron a ganar terreno. Recuerde que la persuasión implica impulsar un argumento que convenza a la audiencia y hacer que acepte este mensaje como su nueva forma de vivir sus vidas.
Por tanto, existe una inmensa necesidad de descubrir técnicas de persuasión eficaces.

Hay tres técnicas de persuasión oscura que han demostrado su valía con el tiempo y las discutiremos en esta sección.
Crear una necesidad
Una estrategia eficaz para persuadir a alguien a cambiar su punto de vista o forma de vida es crear o aprovechar una necesidad que ya existe para ese individuo, preferiblemente de tal manera que sea atractiva y deseable para él. Si se aplica de manera eficaz y adecuada, esta táctica podría generar un gran éxito con el objetivo previsto.

Los persuasores deben abordar lo que más le importa a su público objetivo para tener éxito en la persuasión -como cumplir sueños o aumentar la autoestima- o proporcionar refugio, amor o comida.

Este enfoque siempre funciona bien, ya que supone que cualquier sujeto requiere algún tipo de ayuda de una forma u otra; en otras palabras, no hay nadie necesitado que no sueñe y aspire a algo en la vida; el persuasor simplemente necesita encontrar formas en que pueden ayudar a la víctima a lograr estos sueños de manera más rápida y eficiente.

Los persuasores suelen convencer a su objetivo de que hacer ciertos ajustes en sus creencias o perspectivas les ayudará a realizar sus sueños más rápidamente, aumentando la probabilidad de éxito.

Ejemplo: un joven que busca relaciones íntimas puede prometerle a una mujer que la ayudará a mejorar sus calificaciones y finalmente enorgullecerá a sus padres al obtener una A, pero solo si ella se convierte en su amiga. Si bien esta dama puede creer que a este joven realmente le importa su desempeño académico, en realidad es posible que a él solo le importe acercarse e involucrarse sexualmente: ¡lo académico es solo una excusa para más encuentros sexuales!
Apelación a las necesidades sociales
Los persuasores pueden utilizar otra táctica de persuasión: identificar las necesidades sociales de su objetivo. Si bien es posible que esta técnica no brinde resultados inmediatos, sigue siendo un activo invaluable en su caja de herramientas.

Las personas con afinidad por las multitudes y que buscan atención tienden a gravitar hacia ellas de forma natural, buscando aceptación uniéndose a grupos o teniendo elementos específicos como símbolos de estatus que les dan la sensación de que pertenecen a una clase superior.

Al apelar a sus necesidades sociales, muchos comerciales de televisión logran apelar a las decisiones de compra de los espectadores para que no "se lo pierdan". Cuando los anunciantes pueden identificar y atraer las necesidades sociales específicas de un objetivo, pueden abrir nuevas áreas de interés para esa persona en particular.
Palabras e imágenes utilizadas como señales cargadas

A la hora de persuadir a alguien, las palabras son muy importantes y deben elegirse con cuidado, ya que cada una puede tener impactos diferentes. Puede haber muchas maneras de decir lo mismo, pero una de ellas puede resultar más poderosa que otra.

La persuasión requiere saber cuándo y cómo decir las palabras adecuadas en el momento adecuado; Las palabras son siempre herramientas clave de comunicación y conocer las palabras de llamado a la acción adecuadas es fundamental para una persuasión exitosa.

La persuasión oscura es una de las herramientas más potentes de la psicología oscura, pero a menudo se subestima y descuida. Quizás esto se deba a que la persuasión es única como intento de control mental; a diferencia de sus alternativas que fuerzan la sumisión de un objetivo no dispuesto sin su participación; Sin embargo, a diferencia de la persuasión, las decisiones sobre objetivos permanecen abiertas y sólo una interferencia limitada de ellas se aísla en ocasiones para influir en los resultados del proceso.

La persuasión funciona mejor cuando todas las cartas quedan al descubierto (aunque con intenciones ocultas en una persuasión oscura) para que su objetivo pueda tomar la decisión que mejor sirva a sus intereses.

Si bien el lavado de cerebro puede referirse a cambiar los pensamientos y creencias de otros en contra de su voluntad o sin su consentimiento, su definición real es más amplia; Implica cualquier intento sistemático de coerción y persuasión utilizado para alterar las actitudes de un individuo o alterar sus comportamientos con el fin de alterar patrones de comportamiento y cambiar resultados de comportamiento.

Durante mucho tiempo se han empleado tácticas de lavado de cerebro como parte de programas de adoctrinamiento político para lograr que la gente cambie sus creencias sobre política o doctrinas religiosas, particularmente dentro de grupos sectarios. Principalmente, el lavado de cerebro funciona reemplazando las creencias de la víctima por aquellas preferidas por su captor y apropiadas para el entorno en el que existen.

El lavado de cerebro implica despojar a un individuo de toda libertad, independencia y poder de toma de decisiones; alterar los hábitos y el comportamiento diarios de una persona de tal manera que requiera obediencia total a la autoridad de su captor en todos los aspectos. El lavado de cerebro a menudo incluye abuso físico, así como amenazas de lesiones o muerte si es necesario o cadena perpetua antes de inculcar nuevas creencias como un medio aceptable para una vida iluminada.

Las técnicas de lavado de cerebro tienen como objetivo cultivar una confianza infantil entre víctima y captor, animando a las víctimas a confesar crímenes pasados o cometer errores absurdos o triviales por temor a parecer culpables antes de que otros hayan tenido tiempo de lavarse el cerebro. Si a otros captores también se les ha lavado el cerebro antes que ellos, estos individuos podrían ayudar a reforzar este proceso criticando y mostrando descontento con lo que la víctima ha hecho o dejado de hacer frente a otros miembros de la sociedad.
Una vez que el lavado de cerebro se afianza, los captores comienzan a recibir aprobaciones y recompensas por sus actos. MIRA ESTE VIDEO PARA VER CÓMO EL LAVADO DE CEREBRO puede ser parte de la psicología oscura

La psicología oscura ocurre cuando alguien emplea tácticas de lavado de cerebro para influir en otro en contra de su voluntad y manipularlo o influirlo en contra de su voluntad. Cada uno de nosotros posee libre albedrío, lo que significa que debemos tomar nuestras propias decisiones, asociarnos libremente y elegir con quién nos asociamos libremente; cuando esta libertad se quita mediante la fuerza o la coerción, se constituye en psicología oscura.

Las personas en relaciones abusivas son susceptibles al lavado de cerebro. Un marido podría prohibir a su esposa socializar con ciertos amigos con el pretexto de que serían influencias perjudiciales, mientras que ella debería tomar su propia decisión sobre este asunto a medida que madure. O peor aún, obligar a su pareja a no usar cierto tipo de ropa alegando que no es atractiva para poder controlarla mejor.

Vivir con una pareja abusiva es a la vez confuso y agotador, y a menudo complica la vida de todos los involucrados. Te culparán y manipularán por cosas que nunca fueron tu responsabilidad; para mantener su satisfacción usted puede alejarse de familiares y amigos, cambiar su forma de vestir o sus opiniones políticas; todo se trata de ellos versus usted.

Una relación abusiva ocurre cuando uno de los miembros de la pareja utiliza tácticas de lavado de cerebro para manipular y controlar a su pareja. Como resultado, se vuelven dependientes de ellos para decisiones simples como elegir la cena. Sus vidas giran únicamente en torno a hacer feliz a su pareja a cualquier precio; y lo que constituye el amor o cómo debe expresarse está determinado únicamente por ellos, quienes luego deciden qué es exactamente lo que debe constituir la felicidad a sus expensas y viceversa. Su abusador es entonces responsable de definir el amor expresado a través de ellos, así como cualquier cosa mala en la vida de la víctima, desde qué necesidades de mejora deben mejorar o incluso cómo deben actuar en consecuencia y qué constituye comportamiento apropiado de acuerdo con lo que su pareja abusiva define. el amor debe expresarse y definir todo lo relacionado con la vida de la víctima de manera muy parecida a uno mismo, y qué es exactamente lo que el abusador quiere de ellos en cuanto a comportamiento, de acuerdo con cómo uno debe comportarse y qué comportamientos constituirían lo apropiado de qué exactamente esta relación.

El abuso se presenta de muchas formas; más frecuentemente a través del abuso emocional, psicológico y físico. Una vez que están dentro de su alcance, las víctimas a menudo no pueden escapar de él.
Una pareja abusiva pronto encuentra maneras de menospreciar a su pareja con comentarios degradantes e insultos, para mantener el lavado de cerebro y el abuso.
Para su propia supervivencia psicológica, ocasionalmente habrá períodos en los que su abusador se detendrá y mostrará bondad hacia su víctima, creando vínculos traumáticos que harán que la víctima quiera hacer feliz a su abusador para ser tratada con calidez y amabilidad a cambio.

El lavado de cerebro cae dentro de la psicología oscura cuando la víctima queda atrapada en su propia vida. Una pareja controladora en una relación puede retener recursos como automóviles, dinero o comida de su pareja, convirtiéndolo en un prisionero dentro de su hogar, induciéndole miedo y alterando la forma en que percibe el mundo que lo rodea.

Las vidas de las víctimas con lavado de cerebro se consumen con pensamientos de complacer a su abusador, incluso sin que se cometa violencia física contra ellas. Incluso sin que ocurra abuso físico, sus vidas continúan bajo la sombra de la presencia de su abusador; como resultado, los efectos psicológicos como los trastornos de ansiedad y la depresión a menudo surgen como síntomas.
Breve proceso de lavado de cerebro

El lavado de cerebro es un enfoque sistemático destinado a despojar a uno de su identidad, alterando creencias, actitudes y valores y al mismo tiempo alterando los procesos de pensamiento. Los manipuladores utilizan varios pasos o etapas como herramientas para lavar el cerebro de sus víctimas.

Culpa
En una relación, los manipuladores constantemente escogen argumentos en los que sus víctimas aparecen como los malhechores, haciéndolos sentir culpables por cada desacuerdo y avergonzados por todo; esta es la primera etapa en el lavado de cerebro de una persona.

Autotraición
Verse obligado a denunciar a familiares y amigos destruye el sentido de sí mismo y aumenta los sentimientos de culpa; estas sensaciones sirven para liberarse de su pasado y al mismo tiempo crear espacio para crear una nueva identidad.

Punto de ruptura
Cuando las víctimas de agresiones físicas, verbales y psicológicas sienten que se han traicionado a sí mismas y se sienten culpables, pueden llegar al punto de ruptura y colapsar emocional y psicológicamente. Llorar descontroladamente y sufrir ataques de ansiedad pueden ser señales de que algo se ha soltado en su interior; Psicológicamente temen perderse por completo y viven con un temor constante de perderse por completo.

Justo cuando una víctima se siente impotente sobre sí misma, un opresor ofrece bondad como un respiro del ataque a quienes son. En esos momentos en que la luz emerge donde había oscuridad, las víctimas sienten una profunda gratitud hacia sus atacantes, un movimiento intencional de sus abusadores antes de comenzar de nuevo con ellos.
En un momento en que las víctimas agradecen a su abusador por ayudarlas a llegar a un lugar seguro, el lado más duro de su trato a menudo parece mayor. Es posible que

sientan que le deben algo a cambio y se sientan obligados a devolverle su amabilidad, a menudo confesando los errores que perciben para aliviar cualquier culpa que puedan sentir.

Canalizar la culpa
Cualquier sentimiento de culpa y vergüenza que experimente la víctima probablemente se complicará por un mayor ataque a su identidad, dejándola sin saber qué acciones o decisiones la llevaron a creer que se había comprometido y creyendo que, en cambio, debe asumir la responsabilidad. Tan pronto como el abusador percibe que existe culpa en él, la usa para sí mismo, generalmente convenciendo a la víctima de que ha llevado una vida llena de malas decisiones e ideologías; sugiriendo en cambio que se abran a nuevas perspectivas para poder cambiar.

Deshonra lógica Una víctima a menudo cree que su culpa se debe a ideologías impuestas externamente; Los profesores y las ideologías se convierten en el blanco de la culpa en lugar de ver ninguna manipulación en juego. Las confesiones se convierten en una forma de aliviar la culpa a medida que el individuo descarta mentalmente cualquier acto realizado bajo estas ideologías "incorrectas", distanciándose así simbólicamente de ellas y, al hacerlo, desacreditando por completo estas percepciones de ideología incorrecta.

Progreso y armonía
Rechazar viejas ideologías crea una oportunidad para que surjan el progreso y la armonía, ya que quienes se oponen a ellas ahora deben buscar puntos de vista alternativos para reemplazarlas. Si éstos parecen compatibles y adecuados a sus necesidades, el proceso se acelera significativamente, proporcionando paz en su lugar. En este punto prevalece la calma, reemplazando cualquier malestar.
Como castigo, los capturados de repente han sido tratados como héroes y se acepta a personas de buen corazón como sustitutos para reemplazar las ideas pecaminosas de su antigua ideología.

Admisión final y renacimiento

Tan pronto como encontraron el marcado contraste entre el dolor pasado y la promesa futura presentada por su nueva ideología, la víctima abandonó por completo cualquier lealtad a la vieja ideología al revelar cualquier secreto restante; en ese momento asumieron plena propiedad de su nueva ideología.

El renacimiento se refiere a este proceso y, dependiendo de la ideología de cada uno, puede incluir ritos de iniciación que lo sellan completamente en su nuevo orden. Estos

pueden implicar fuertes declaraciones en voz alta para la aceptación de nuevas ideologías y el juramento de lealtad a nuevos líderes.
Lavado de cerebro: explorando su impacto

El lavado de cerebro, como se explicó anteriormente, implica cambiar los patrones de pensamiento, creencias y actitudes de una persona para controlar su comportamiento y obtener control sobre ella. Esta práctica suele producirse en beneficio de los manipuladores, pero puede tener repercusiones devastadoras; Hay varias formas de impacto que puede tener el lavado de cerebro, como por ejemplo:

El lavado de cerebro tiene un impacto devastador en la autoestima de la víctima. Sienten que no están a la altura y que nada de lo que hacen es lo suficientemente bueno, lo que los lleva por el camino del suicidio o la depresión.

Trastornos de ansiedad: alguien a quien le lavan el cerebro a menudo pierde su sentido de identidad y queda aislado de sus seres más cercanos. Obligadas a cambiar de quienes eran anteriormente, las víctimas se vuelven constantemente ansiosas por no hacer algo incorrecto y pueden desarrollar trastornos de ansiedad que afectan el comportamiento externo.

Depresión: las víctimas de lavado de cerebro tienden a aislarse de sus seres queridos y del mundo en general, centrándose únicamente en complacer a su captor y recibir cualquier amabilidad que les ofrezcan a cambio. Sin nadie con quien hablar y sus sentimientos ignorados por todos los que los rodean, la depresión puede aparecer, obstaculizando las relaciones con los demás.

Falta de autoestima: el abuso constante por parte de su captor y las críticas son suficientes para hacer que su víctima crea que no vale nada y tema tomar decisiones porque le han enseñado que no lo vale.

Vivir con miedo: los lavadores de cerebro utilizan tácticas de miedo para influir en sus víctimas, haciéndolas temer que algo malo esté esperando a la vuelta de la esquina y que la vida en general sea insegura y hostil. Su víctima vive con la preocupación constante de que todas las personas podrían representar un peligro si se aventuran a salir, mientras que los captores utilizan amenazas de consecuencias contra su víctima si no hace lo que su captor exige.
Cambio de creencias: el objetivo principal del captor es moldear las creencias de sus víctimas para controlar su comportamiento y mantenerlas bajo control. No importa si su creencia era ética; mientras chocara con sus ideologías o creencias, entonces no era lo suficientemente bueno.

Dependiendo de la intención de su captor o agresor, el lavado de cerebro tiene diferentes impactos en las víctimas según su aplicación. Por lo tanto, es vital identificar las técnicas y trucos empleados por posibles delincuentes para evitar ser víctimas de técnicas de lavado de cerebro utilizadas por los practicantes de la Psicología Oscura. A continuación se muestran algunas de estas técnicas que se ven comúnmente al participar en sesiones de Psicología Oscura.

El lavado de cerebro ocurre cuando individuos o grupos utilizan tácticas clandestinas para influir y persuadir a otros en contra de su voluntad para que cambien sus creencias sin su consentimiento, a menudo utilizando técnicas psicológicas como la psicología oscura. Las técnicas de influencia y persuasión utilizadas en contra de su voluntad también se conocen como tácticas de lavado de cerebro, ya que implican tácticas encubiertas utilizadas por un individuo o grupo en un intento de lavar el cerebro a otro. Si bien las personas experimentan la persuasión todos los días, cuando esto se convierte en un cambio forzado sin consentimiento, se convierte en un lavado de cerebro y se comienzan a emplear tácticas de psicología oscura en su contra. Esto puede incluir cualquier cantidad de tácticas empleadas contra sus víctimas por diferentes partes que incluyen:

Aislamiento: el paso inicial del lavado de cerebro generalmente implica aislar a la víctima de familiares y amigos. Al aislarlos completamente de la sociedad, el manipulador quiere que su víctima no tenga a nadie con quien hablar sobre sus tácticas de manipulación; de lo contrario, su autoridad sería cuestionada por terceros, dando a su oponente más información de diversas fuentes que ellos mismos.

Ataque de autoestima: cuando las víctimas están aisladas, a los manipuladores les resulta más fácil derribarlas y reconstruirlas de acuerdo con sus deseos. Sin embargo, para que se produzca un lavado de cerebro exitoso, las víctimas primero deben sentirse inferiores al manipulador y esto a menudo implica el ridículo, la intimidación o la burla por parte de este último, lo que disminuye aún más la autoestima de las víctimas que se sienten completamente vulnerables antes de convertirse en víctimas.

Abuso mental: los manipuladores a menudo emplean tortura psicológica para lavar el cerebro de sus víctimas, como decir mentiras sobre ellas delante de otros para hacerlas parecer tontas, así como acosar o privar a sus víctimas de cualquier espacio personal para que se sientan atrapadas por ellas. .

Abuso físico: los manipuladores utilizan diversos métodos físicos para subyugar a sus víctimas e influir en ellas, incluido privarlas de alimentos o de acceso a fuentes de agua.

Los manipuladores a menudo privan a sus víctimas del sueño empleando violencia contra ellas, privándolas de comida y manteniendo la habitación fría. Un manipulador también puede emplear formas sutiles de lavar el cerebro de sus víctimas; como mantener elevados los niveles de ruido, tener luces parpadeantes constantemente o alterar deliberadamente la temperatura ambiente.

Música repetitiva: según los estudios, tocar ritmos repetitivos puede inducir un estado hipnótico en las personas. Un manipulador que comprenda esta técnica puede utilizar esta táctica contra su víctima. El ritmo de la música puede alterar la conciencia hasta que su manipulador pueda usar esta táctica y hablar directamente a su subconsciente, lo que lleva a su cerebro a responder inmediatamente con nuevas sugerencias, cambiando así el comportamiento automáticamente.

Sólo se permite el contacto con otras personas a las que se les ha lavado el cerebro: el manipulador sólo permite que su víctima tenga contacto con otras víctimas de su campaña manipuladora, esperando que otras víctimas presionen a sus compañeros para persuadir a su objetivo de que se someta a su nueva forma de pensar. Al sentirse solas y aisladas, las víctimas tienden a prestar atención a las sugerencias de los demás para sentirse aceptadas y menos solas.

Nosotros contra ellos: cuando los manipuladores introducen una dinámica de Nosotros y Ellos, parece como si le estuvieran dando a su víctima la posibilidad de elegir entre ellos y los enemigos percibidos; todo en un intento de obtener completa obediencia de ellos. Al haber mostrado los aspectos negativos de los demás, los manipuladores esperan que sus víctimas se seleccionen a ellos mismos en lugar de elegir a los demás por encima de ellos mismos.

Bombardeo de amor: con esta táctica, el manipulador acerca a su víctima mostrando afecto físico a través del tacto, intercambiando pensamientos íntimos, uniéndose emocionalmente y mostrando amabilidad. Esta táctica se utiliza para demostrarle a su víctima que unirse a su grupo fue la decisión correcta, borrando cualquier afecto que puedan sentir hacia cualquiera de afuera.

El lavado de cerebro rara vez sirve para un bien mayor. La mayoría de los manipuladores emplean este tipo de tácticas para obtener el control total y total de sus víctimas.
El lavado de cerebro puede ser devastador para sus víctimas. Rápidamente pierden el sentido de sí mismos y viven para complacer a su captor; se les quitan cosas simples que damos por sentado, como elegir qué y cuándo ponernos; Se les quita cualquier decisión que de otro modo podrían estar tomando; todo esto para que el manipulador se sienta indigno y agradecido de haberse ganado su favor.

El primer paso para evitar el lavado de cerebro es tomar conciencia de las tácticas que utilizan los manipuladores y sus rasgos, para poder reconocer cuando alguien intenta lavarle el cerebro a usted o a alguien cercano. El lavado de cerebro es una forma agresiva de psicología oscura en la que un manipulador utiliza estas tácticas para beneficio personal sin tener en cuenta los sentimientos o el bienestar de sus víctimas.

Ahora que comprende todas las formas en que otros le han causado daño a usted mismo, es hora de aprovechar este conocimiento y utilizarlo para el bien. No importa lo que pensabas en el pasado sobre tu cerebro y tus habilidades, ahora te das cuenta de que posees un poder increíble que te fue dado al nacer, capacidades que pueden o no usarse fácilmente. Algunos pueden tener dificultades para aceptar quiénes son realmente y sus objetivos en la vida, y eso está perfectamente bien; esforzarse demasiado puede limitar nuestro pensamiento e impedir que aparezcan nuevas ideas. No importa cómo te hayan hecho sentir los demás en el pasado, sus acciones no definen quién eres hoy. Aprende lecciones de tu historia sin dejar de ser fiel a quién y de dónde vienes. Deja ir cualquier dolor que hayas sentido para que puedas comenzar a sanar y avanzar en una dirección más positiva.

Asegúrese de dedicar suficiente tiempo a conocer bien a las personas, sin hacer suposiciones sobre ellas. Cuanto más comprendas quiénes son realmente las personas, más fácil te resultará tener una influencia positiva sobre ellas. Incluso cuando nos sentimos perdidos y confundidos, indagar en nuestro interior o exteriormente puede revelar verdades más significativas; cuando hacer suposiciones o etiquetar a las personas demasiado rápido solo limitará su capacidad de crecimiento y comprensión del mundo mejor.

La comunicación será clave. Si bien puede resultar aterrador y desafiante, decir la verdad eventualmente será beneficioso para encontrar soluciones a los problemas de manera más eficiente.
Al final del día, hablar y compartir tu verdad te hará sentir mucho mejor: tanto tú como los demás se beneficiarán al escuchar lo que hay en tu mente y en tu corazón. No intentes persuadir de otras maneras además de comunicarte. No niegues nada a nadie que pueda necesitar algo; manipular a los demás de esta manera no logrará ni de lejos un cambio duradero en comparación con hablar de las cosas a través del diálogo y hablarlo todo con otra persona.

Ahora es el momento de aprovechar todo el dolor que ha experimentado. Todo te ha llevado a donde estás hoy, los momentos más oscuros que parecían interminables han pasado, y todos esos momentos en los que no querías nada más que escapar te trajeron a donde estás hoy. Aunque es posible que nunca quieras volver a repetir estas experiencias, aprende a estar agradecido por ellas, ya que sin ellas tu futuro probablemente sería muy diferente y menos beneficioso para los demás.

Ahora es el momento de hacer lo que probablemente más deseas: ¡influir en los demás! En la sociedad actual, la persuasión es clave y no lograr persuadir a ciertas personas puede impedirte realizar las cosas que realmente deseas en esta vida. Por lo tanto, saber a quién desea convencer es de suma importancia, ya sea convencer a su esposo de que está lista para tener hijos o convencer a todo un equipo de ventas de 100 miembros de la importancia de esforzarse más para impulsar las ventas; ¡Comprenderlos comienza por familiarizarse con quiénes son y su estilo operativo antes de acercarse a ellos directamente y probarlos personalmente!

En esta etapa, es esencial comprender primero sus antecedentes: la edad, la identidad de género y la ubicación son solo algunas preguntas a las que debe prestar atención al crear estrategias de persuasión que se ajusten a sus intereses. Al responder con precisión a estas preguntas, resulta mucho más sencillo formular estrategias de persuasión.

Ciertas diferencias jugarán un papel esencial en esta situación. Por ejemplo, pedirle 20 dólares a tu novio de 18 años difiere considerablemente de pedirle lo mismo a tu abuela de 80 años. Para persuadir eficazmente a las personas, es fundamental comprender tanto lo que las caracteriza genéricamente como sus características individuales únicas, como las que conforman sus rasgos de personalidad.

Una vez que comprenda sus intereses y lo que los hace felices, el siguiente paso debe ser evaluar qué fomentaría las ventas si fuera necesario, como descuentos, obsequios u otras recompensas por ser clientes.
Una vez que comprenda sus gustos y disgustos, el siguiente paso debe ser identificar aquellas cosas que no les gustan, como largos tiempos de devolución después de comprar algo, tarifas ocultas o no poder personalizar sus productos. Una vez identificado, actuar en consecuencia se vuelve sencillo; cuando algo les ofenda, proporcionen algo que les guste como solución; Aunque esto parece obvio, muchos de los que intentan influir en otros pasarán por alto este paso.

Por último, asegúrese de tener en cuenta cómo se comunican los demás. Al comprender esta dinámica, será mucho más sencillo asegurarse de expresar las cosas de la misma manera con ellos. Escuche siempre lo que dice la otra persona y bríndele una plataforma para hablar. Preste atención no sólo a las palabras que usa, sino también a su cara mientras comparte información con usted. Si alguien siente que está siendo ignorado, podría darse la vuelta y es mucho menos probable que lo persuadan a largo plazo; la siguiente sección explorará este tema más a fondo y la mejor manera de fomentar interacciones saludables en la vida.
Comprender los fundamentos de la comunicación

La comunicación puede ser un desafío para todos nosotros. A primera vista puede parecer fácil (basta con abrir la boca y empezar a hablar), pero a muchos les cuesta expresar cómo se sienten sólo con palabras, aunque puedan experimentarlo ellos mismos. Pero cuanto más efectiva sea la comunicación en la vida, más fácil será la vida y más felices serán los resultados resultantes.

Para mejorar tus habilidades comunicativas, recuerda que mejorarlas requiere práctica. No existe una píldora mágica ni una forma secreta de mejorar instantáneamente; para mejorar, debes interactuar continuamente con otras personas a través de conversaciones; ya sea con baristas en cafeterías o extraños en las paradas de autobús, lo mejor es iniciar pequeñas conversaciones al comenzar. Sin embargo, no molestes a otras personas, solo busca formas en las que puedas articular tu voz más allá de decir el estándar "¿cómo estás?".

Asegúrese de comunicarse efectivamente con sus sentimientos. Incluso cuando estamos solos, a veces nuestras emociones todavía no tienen del todo sentido para nosotros. Si es necesario, comience a registrar diariamente sus emociones; Cuanto más puedas resolverlas por tu cuenta anotando las emociones que surgen, más fácil te resultará gestionarlas por tu cuenta y compartirlas eficazmente con los demás.

Cuando empiece a persuadir a los demás, tenga cuidado con sus palabras. No obligues a nadie a hacer nada ni los pongas en situaciones en las que se sientan impotentes para detenerse; evita frases como "Deberías hacer esto". ¡A nadie le gusta que le digan qué hacer!
Hablar primero sobre ti mismo puede parecer contradictorio, pero las personas responderán de manera más positiva si toman ejemplos en lugar de escucharte dictar su comportamiento directamente. Por ejemplo, digamos que desea persuadir a su cónyuge para que comience a levantarse más temprano para reducir el estrés causado por llegar tarde todas las mañanas; En lugar de decir algo como "Deberías levantarte más temprano", podrías decir: "Al comenzar más temprano, descubrí que estar menos estresado durante el viaje matutino al levantarme más temprano ha disminuido en gran medida mis niveles de estrés y me ha ayudado a reducir mi estrés". ¡Mi factor estresante matutino antes del trabajo!"

Dejar que otros crean que su idea es suya garantizará una mayor credibilidad de persuasión; a las personas les gusta sentir que se les ocurrió ellos mismos en lugar de verse obligadas a aceptar algo en contra de su voluntad. Permítales resolverlo por su cuenta para que puedan evaluar ellos mismos sus beneficios y desventajas; de esta manera creará una persuasión más efectiva en lugar de imponerles algo.

Después de esto, ten especial cuidado tanto con tu tono como con tu lenguaje corporal, creando un ambiente en el que se sienta a gusto cuando esté contigo. Mostrar bondad, amor y compasión les permitirá relacionarse mejor contigo; No se sienta presionado a adoptar estrategias de comunicación rígidas y duras sólo para que la gente haga lo que usted quiere; en lugar de eso, intente ser amable y gentil y ellos responderán mejor.

Por último, asegúrese de tratar con respeto a aquellos en quienes intenta influir. No hagas que se sientan avergonzados o avergonzados contigo si dicen algo tonto; En cambio, constrúyelo y ellos te corresponderán con este tipo de bondad.
Cómo convertir la manipulación negativa en persuasión positiva

¡Ahora deberías ser un experto en psicología de nivel básico! Todo comienza en nuestra mente y se manifiesta de manera diferente para cada individuo. Para realmente lograr lo que deseas en esta vida, es crucial que comiences a aprender sobre otras personas y cómo funciona su cerebro; De lo contrario, corre el riesgo de sufrir daños irreparables a su debido tiempo.

Tome todas las técnicas de manipulación que haya aprendido en el pasado y úselas ahora para siempre. Aprenda de sus experiencias negativas para poder utilizarlas como experiencias de aprendizaje sobre cómo no tratar a los demás. Para hacer la transición de la manipulación negativa a la persuasión positiva, comience por tener buenas intenciones detrás de lo que quiere que los demás acepten; algo mutuamente beneficioso entre ambas partes debe ser el objetivo final de cualquier negociación entre ambos. Escuche atentamente cuando hable con otras personas sobre sus necesidades para poder llegar a un acuerdo en el que ambos puedan obtener beneficios positivos a cambio de ambas partes involucradas; de esta manera, ambas partes ganan en términos de beneficios positivos a la vez.

Asegúrese de priorizar la satisfacción de las necesidades de los demás sobre las suyas propias. Por supuesto, cuidarse a sí mismo primero es importante, pero no ser consciente de cómo se sienten los demás no será de gran utilidad para nadie a largo plazo.

Los influencers son líderes. Si tiene buenas ideas que desea transmitir a otras personas y desea que se beneficien de lo que sabe, es imperativo que desarrolle y perfeccione habilidades de liderazgo positivas.

Los demás no deben verse como herramientas únicamente suyas. Otros pueden ayudar, pero tú también debes ayudarlos. Un gran líder sabe motivar a los demás sin forzar su voluntad; en otras palabras, ofrecer algo beneficioso a cambio. Si bien es

posible que encuentre a alguien dispuesto a ayudarlo a alcanzar sus sueños, tenga cuidado de que hacerlo no tenga costo ni beneficio para ellos ni para usted.
Tus creencias también deben ser parte de este viaje si deseas lograr algo significativo en la vida. Alinee y céntrelos alrededor de este sistema, ¡y su éxito será seguro!

Asegúrese de utilizar un lenguaje inclusivo cuando hable con los demás, utilizando el lenguaje "nosotros" y confianza al hacerlo. Probablemente prestarán más atención cuando se les incluya como parte de este proceso.

En esta etapa de su desarrollo, el componente clave es tener una mentalidad de crecimiento. Limitar nuestros pensamientos nos lleva a descubrir menos potencial en la vida, así que mantente al día de estudios relacionados con la persuasión, la manipulación y la psicología en general, así como suscribite a newsletters o revistas sobre el cerebro humano para obtener un conocimiento más profundo de él. su funcionamiento.

Controle periódicamente su salud. No cuidar todos los aspectos de uno mismo podría comprometer seriamente el funcionamiento de su mente a medida que envejecemos, por lo que ahora es el momento de asegurarnos de preparar nuestra mente en consecuencia. Practique mantener una perspectiva abierta y escuchar atentamente cuando se comunique con los demás; Continúe aprendiendo porque cuanto más conocimiento recopile, más quedará por descubrir.

Tampoco utilices nunca la agresión y la persuasión. Si bien el miedo puede funcionar para lograr que las personas hagan lo que usted desea temporalmente, el respeto a largo plazo nunca debe lograrse únicamente mediante métodos atemorizantes. Muestre su compasión y comprenda a los demás más plenamente para que escuchen con más atención cuando compartan lo que tienen en mente.

A la hora de analizar a otra persona, el lenguaje corporal es clave. ¿Son altos o caen? Observar los ojos, la cara y los brazos de alguien puede revelar mucho sobre quién es realmente; por ejemplo, podrías notar que alguien que parece confiado en realidad puede estar sufriendo de ansiedad si comienzas a prestar atención. ¡También podrías descubrir que alguien en quien confiabas te estaba mintiendo!

Descubrir qué distingue a alguien de los demás y comprender por qué actúa de cierta manera puede ser complicado, pero con el tiempo comenzarás a comprender mejor por qué alguien se comporta de esa manera. Aunque nunca se entenderá completamente a dos personas, al menos puedes empezar a vislumbrar por qué algunas actúan como lo hacen.

Una vez que puedas analizar con éxito a alguien, el siguiente paso debería ser convencerlo de tus puntos de vista o demandas. La persuasión es clave a la hora de intentar conseguir lo que quieres de la vida o al menos mereces de los demás; tal como comentamos en el primer libro, la lectura no servirá de nada sin que se tomen medidas; aunque tomar conciencia de uno mismo puede resultar desalentador al principio, este paso es esencial para tomar conciencia de los que le rodean y convertirse en comunicadores eficaces.

Las personas a menudo siguen a los demás ciegamente sin siquiera profundizar en sí mismas, desafiar sus pensamientos y hacer un esfuerzo honesto para lograrlo. Si bien esto puede resultar desafiante a primera vista, es crucial que exploremos nuestra psique para vivir una vida más feliz y saludable.

¡Recuerde que aún es saludable y normal permitir que otros influyan en usted! Piensa en todos los grandes líderes de todo el mundo que pueden haber inspirado a otros inspirando pasión y motivación positivas en aquellos a quienes dirigen. ¡Muchos han hecho exactamente esto pensando en ti!
Nadie tiene la culpa si sucumbe a la influencia de otros; Lo que marcará la diferencia ahora es si esa influencia llega en forma de inspiración positiva y edificante en lugar de manipulación por parte de alguien que busca hacerte daño.

Mientras navegas por la vida, ten esto en cuenta como objetivo clave: ¡usa siempre tu cerebro para siempre! Aunque esto puede resultar complicado en ocasiones, hacerlo siempre es la mejor solución. Incluso cuando otro te manipula fácilmente, no aproveches esas oportunidades para manipular a alguien. Si bien esto podría parecer su culpa por no ser más consciente, nunca asuma esto; Algunas personas han experimentado cosas que han hecho que liberarse de viejos patrones sea más desafiante y encontrar soluciones más saludables para afrontar las emociones y los pensamientos.

Ayuda siempre a los demás, no les hagas daño. Incluso aquellos que pueden haberte hecho daño en el pasado no deberían convertirse en el blanco de tu ira; Utilice su inteligencia para el bien, ayudando a hacer del mundo un lugar mejor con una influencia saludable, y pronto descubrirá que todo lo que siempre ha deseado se encontrará en su camino.

Todo lo que logra el éxito comienza con el cerebro

Un analizador o lector individual puede descifrar rápidamente la personalidad de un individuo a través de varios atributos, incluido lo que hace en su tiempo libre. Por ejemplo, participar en campañas comunitarias, actividades de voluntariado y contribuir a iniciativas de la iglesia podría revelar que son filantrópicos. Por otro lado, salir de fiesta sin cesar o mirar televisión podría indicar poca ambición y gratificación instantánea; Incluso los hábitos aparentemente triviales revelan mucho sobre quiénes son realmente las personas.
Cómo la psicología impacta nuestras vidas

Los psicólogos no están de acuerdo sobre si nuestro comportamiento está determinado únicamente por la genética o la herencia; otros consideran que nuestras experiencias desde el nacimiento son contribuciones clave. Otros creen que nuestro entorno inmediato o nuestras experiencias moldean nuestro comportamiento; por ejemplo, si alguien sufre abuso constante, su comportamiento podría cambiar como resultado. Por ejemplo, si una persona sufre abuso constantemente, su comportamiento podría cambiar en consecuencia;
A medida que crecen y experimentan marginación y racismo debido a su clase o raza, pueden llegar a despreciar a las personas más ricas o a las razas aparentemente superiores, mientras simpatizan con los oprimidos.

Del mismo modo, los niños que sufren acoso, abuso o victimización persistentes cuando son niños pueden llegar a ser ellos mismos agresores cuando crezcan. Su perspectiva, valores, personalidad y actitud probablemente se habrán formado a partir de experiencias tempranas de violencia y abuso en sus primeros años de vida.

¿Te has encontrado con personas que parecen decididas a leer su personalidad a través de los signos del zodíaco o la astrología? ¿No es esto indicativo de una baja conciencia y comprensión de uno mismo? Por ejemplo, las personas tienden a gravitar hacia cosas de las que carecen en gran medida; alguien privado de la atención adecuada de sus padres en la primera infancia o la adolescencia podría convertirse en alguien que disfruta del drama y las estrategias de búsqueda de atención en la edad adulta, tal vez volviéndose cada vez más dramático y llamativo con el tiempo.

Los analizadores de personas deben permanecer alerta a señales sutiles que puedan revelar quién es realmente la persona. Hay muchas señales a nuestro alrededor; todo lo que necesitas hacer como analista es estar atento.
nosotros

Nuestra mente se puede dividir en tres capas distintas: mente consciente, mente subconsciente y mente inconsciente. Mientras que la conciencia abarca pensamientos, acciones, aprendizajes y experiencias provenientes únicamente de la conciencia consciente, las mentes subconscientes e inconscientes son reinos dentro de la mente que pueden contener información que no nos damos cuenta de que está presente; a través de la conciencia mental adquirimos conciencia de todas las percepciones, sentimientos, conceptos o ideas recopiladas de nuestro entorno inmediato que, de otro modo, podrían permanecer invisibles o desconocidas para nosotros.

Sin embargo, cuando se trata de nuestra mente subconsciente e inconsciente, normalmente tenemos una conciencia muy limitada de todos sus pensamientos, ideas, conceptos e información almacenados allí. Nuestra mente consciente sólo muestra parte de su complejidad; Hay múltiples capas debajo de su superficie que afectan nuestra personalidad y comportamiento sin que nos demos cuenta.

Empiece por usted mismo si quiere convertirse en un analista de personas eficaz. Evalúe cuánto sabe o qué tan bien se comprende a sí mismo o a su propia personalidad o patrones de comportamiento, incluidos los factores desencadenantes que impulsan sus comportamientos: ¿qué creencias, miedos, motivadores o valores podrían estar impulsando dicho comportamiento?

Una vez que se comprenda a sí mismo y las diversas personalidades y comportamientos, comience a explorar los de amigos cercanos y familiares. Una vez completado este paso, intente comprender a extraños como los que ve mientras espera en las clínicas médicas o en los aeropuertos, así como a las personas que conoce por primera vez en fiestas o durante las interacciones cotidianas; continúe practicando esta habilidad hasta que le resulte natural y pueda leer. ¡La gente es rápida y efectiva como un experto!

Emociones y comportamiento humano

Las emociones son experiencias fugaces que tenemos como parte de la actividad mental. Si bien las emociones pueden parecer racionales o lógicas al principio, a veces nuestras reacciones siguen siendo emocionales a pesar de las pruebas en contra del amigo amenazado o acusado. Por ejemplo, incluso cuando se les presenten pruebas de irregularidades por su parte.
Incluso cuando alguien nos traiciona a nuestras espaldas, nos mantenemos leales y confiamos más en ellos.

Como seres humanos, tendemos a actuar por impulso en lugar de razonar. Los comportamientos de las personas están fuertemente influenciados por las emociones. Comprenderlos nos da el poder de comprender y predecir sus acciones, rasgos de personalidad y patrones de comportamiento. Teorías psicológicas
El condicionamiento clásico es una teoría psicológica ampliamente aceptada en la que los individuos aprenden asociando ciertos comportamientos con recompensas o reforzadores, como golosinas. El mismo principio se emplea a menudo cuando se entrena a animales, por ejemplo, cuando se recompensa a su perro con golosinas cada vez que recupera una pelota. Inevitablemente, ir a buscar se asociará con golosinas para su mascota; ¡Con el tiempo aprende que es necesario ir a buscarlo si quiere un premio!

El condicionamiento clásico juega un papel importante en nuestras vidas como seres humanos. Desde el nacimiento asociamos el llanto con el hecho de que nos alimenten y nos mantengan limpios; a estudiar constantemente para obtener buenas calificaciones en la escuela. El condicionamiento clásico influye en todos los aspectos de la vida: los bebés aprenden que llorar significa que los alimentarán o los limpiarán; los estudiantes descubren que estudiar con diligencia da como resultado buenas calificaciones. Por lo tanto, el condicionamiento clásico sigue siendo influyente a lo largo de la vida: como individuos aprendemos a responder a ciertos estímulos de ciertas maneras, lo que constituye uno de los determinantes clave cuando se trata de análisis de comportamiento.

Comportamiento humano y fisiología.

Los estudios demuestran que las personas presentan reacciones físicas específicas ante estímulos que pueden utilizarse como indicadores a la hora de analizarlos. Los psicólogos criminales suelen utilizar este principio para comprender la psicología criminal y lo que motiva a los delincuentes a cometer delitos; Con tecnología biométrica, los investigadores intentan determinar si los pensamientos sospechosos se alinean con las acciones.

Las técnicas psicológicas y fisiológicas combinadas son herramientas poderosas para descubrir las motivaciones del comportamiento humano. Nuestros cuerpos exhiben reacciones fisiológicas específicas cuando alguien engaña o miente, como pupilas dilatadas, transpiración u otros indicadores de que podría estar engañando o mintiendo.
La frecuencia cardíaca aumenta, las palpitaciones aumentan, la sudoración aumenta y los espasmos de los dedos de los pies ocurren con más frecuencia cuando se siente amenazado o incómodo. Analizar a las personas utilizando pistas fisiológicas o no

verbales puede proporcionar un análisis más preciso; sin embargo, como ocurre con todas las formas de análisis, nunca puede ser 100% confiable.

Sin embargo, no todas las formas de comunicación tienen la capacidad de persuadir a las personas, ya que algunas pueden servir simplemente para entretener o brindar información. La persuasión también puede utilizarse como un medio desagradable para manipular a otros; Intentar persuadir a los demás puede incluso considerarse un comportamiento repulsivo. La persuasión debe distinguirse de la comunicación ya que su causa da lugar a cambios de conducta como efecto o respuesta.

Aquí exploraremos las etapas por las que pasa una persona cuando es persuadida. Primero está la comunicación en la que el receptor presta atención al contenido proporcionado. Luego, intentará comprender todos los aspectos de la comunicación en su conjunto, incluido el intento de comprender lo que el hablante intenta transmitir. Esto incluye comprender qué conclusiones propone el hablante, así como cualquier evidencia que pueda respaldar esta conclusión. La persuasión ocurre cuando un individuo acepta o está de acuerdo con lo que se le proporciona y retiene ese interés el tiempo suficiente para actuar en consecuencia. El objetivo principal de la persuasión es que un individuo o un grupo de personas adopte nuevas actitudes, como cambiar de marca de cereal debido a nueva información presentada o alterar creencias religiosas.
Teorías del condicionamiento El condicionamiento es uno de los conceptos principales de la persuasión. El condicionamiento busca convencer a alguien de algo por sí solo en lugar de darle instrucciones directas como la obediencia.

Los anunciantes emplean ampliamente el condicionamiento en la publicidad para generar asociaciones positivas entre su marca o logotipo y emociones positivas. Las empresas recurren a anuncios que animan a los espectadores a reír, ponerse sentimentales o utilizar música e imágenes alegres; Una vez que estos comerciales concluyen, revelan el logotipo de la marca con la esperanza de que estas emociones se conecten con su producto o servicio.
Teoría de la inoculación La teoría de la inoculación se puede observar a menudo en anuncios comparativos. Según este concepto, una de las partes tiene argumentos débiles que pueden reducir su credibilidad y, por tanto, hacer que su audiencia elija los argumentos superiores de la otra parte.
Narrando la teoría del transporte.

La teoría del transporte narrativo postula que las actitudes de las personas pueden cambiar cuando se sumergen en historias. Busca demostrar el poder persuasivo de las historias explicando cuándo los individuos pueden experimentar transporte narrativo debido al cumplimiento de varias condiciones previas; además, el transporte narrativo

ocurre cuando se escuchan narraciones que invocan ciertos sentimientos como la empatía por sus personajes.
Extracto de: "Cómo analizar a las personas y el lenguaje corporal para principiantes. Obtener información sobre los secretos del cuerpo y el cerebro para adquirir extraordinarias habilidades de comunicación Mentalidad PNL".


EL FIN

Las ediciones y el diseño de esta versión impresa tienen Copyright © 2023.
por IJ Nayak

www.ingramcontent.com/pod-product-compliance
Lightning Source LLC
Chambersburg PA
CBHW081355160726
48000CB00010B/3353